SCHAU MA MAL

Jacob Moss, Gabriel Schaffler:
Schau ma mal

Alle Rechte vorbehalten
© 2024 edition a, Wien
www.edition-a.at

Cover: Anna-Mariya Rakhmankina
Satz: Bastian Welzer
Redaktion: Sophia Volpini de Maestre

Übersetzung und Bearbeitung (Texte Jacob Moss):
Phil Fichtinger

Gesetzt in der Premiera
Gedruckt in Europa

Aus Gründen der besseren Lesbarkeit wird in diesem Werk
auf die gleichzeitige Verwendung der Sprachformen männlich,
weiblich und divers (m/w/d) verzichtet. Sämtliche Personenbezeichnungen
gelten gleichermaßen für alle Geschlechter.

1 2 3 4 5 — 27 26 25 24

ISBN: 978-3-99001-714-2

Jacob Moss
Gabriel Schaffler

Schau ma mal

Ein Australier und ein Wiener suchen das Herz von Österreich

edition a

INHALT

Das Buch ist meinem Vater Andreas Schaffler gewidmet.
Von Herzen danke ich dir für deine Geduld, Liebe und
Unterstützung. Ruhe in Frieden, Papa, wir sehen uns wieder.
In ewiger Dankbarkeit, dein Gabriel.

Außerdem ein herzliches Dankeschön an ...

Den talentierten Phil Fichtinger für seine großartige
Übersetzung von Jakes Kapiteln und dem Hinzufügen
seiner eigenen würzigen Note

Leonie-Rachel Soyel (@leonie_rachel),
die das Kapitel »Sex und Dating in Österreich«
um einen weiblichen Blickwinkel ergänzt hat

Georg Petermandl (@georgsgallery),
der das gleiche Kapitel um einen LGBTQIA+-Blickwinkel
ergänzt hat

Jonathon Balchin (@austriankiwii),
für seine Einblicke in das Landleben in Österreich

Triggerwarnung

Dieses Buch ist kein normales »Schalala, bisschen lahme Fakten über Schnitzel und Sisi«-Österreichbuch.

Dieses Buch erzählt über Inzest, Krampus und Kruzifixe, gute und schlechte Ausländer (und die Deutschen), einige extrem unpassende Witze, viel Nacktheit, rauchen und trinken und ein bekifftes totes Tier namens Pauli.

Dieses Buch stellt aber auch so wichtige Fragen wie: Warum haben viele Toiletten in Österreich Kackablagen? Warum leben hier alle einen Bargeldfetisch? Was hat es mit der mystischen zweiten Kassa auf sich? Kann man eine österreichische Fahne aus dem Fenster hängen, ohne als Nazi beschimpft zu werden? Warum sind wir stolz darauf, grantig zu sein? Warum gehört Freunderlwirtschaft zur Politik des Landes und warum gehört jemandem tief in die Augen geschaut beim Anstoßen? Warum ist das Wetter sowieso an allem schuld? Warum sind Österreichs Bundesländer wie eine Bande von Geschwistern mit verschiedenen Vätern? Und warum müssen die sich so oft über das älteste Geschwisterchen Wien ärgern? Warum ist Österreich ein Paradies der Ruhe für Introvertierte? Und warum liegt die restliche Welt so falsch mit ihren Stereotypen über Österreich?

Wir kennen dich, Österreich!

Wir, die Autoren dieses Buches, wollen tiefer gehen und suchen das wahre Herz des modernen Österreichs voller Ibiza-Skandale und sauteuren Skiferien. Und so sind wir durch das Land gereist und haben Dutzende von Menschen interviewt, um die unumstößlichen Wahrheiten zu finden.

Na, Schmarrn! Dieses Buch sucht mehr nach Österreichs Lachmuskeln als nach dem Herz des Landes. Wir wollen dich zum Lachen bringen, Österreich, weil die Welt einfach mehr Lacher brauchen kann. Gerade in einer Zeit, in der Nationalismus auf dem Vormarsch ist, sollten wir alle viel mehr über das lachen, was Nationalisten und Nationalistinnen aufregt.

Außerdem leben wir in einer Stadt, deren größter Friedhof eigenes Merchandise anbietet. Ganz offensichtlich gibt es in diesem Land also von der Wiege bis zur Bahre was zu lachen.

Ach Mist, wir haben vergessen, uns vorzustellen.

Servus, Griaß di, Grüß Gott und G'day – wir sind Jacob Moss und Gabriel Schaffler und wir haben dieses Buch geschrieben. Wieso wir uns herausnehmen, über Österreich zu urteilen? Nun, das beruht auf unserer Herkunft. Einer von uns kommt nämlich aus Australien, dem Land der Kängurus. Und der andere aus Österreich, dem Land mit den Nazis ... äh ... Torten. Doch dazu später mehr.

Gabriel liefert für dieses Buch die Insider-Perspektive: Er ist so wienerisch wie das Wort »Oida« und wuchs im 7. Wiener Gemeindebezirk auf, irgendwo zwischen Bobo-Kultur und amerikanischen Chai Lattes. Er ist Zuckerbäcker, Kultur-Journalist und Radiomacher. Und er entdeckt das Land seiner Geburt auf den folgenden Seiten neu.

Jacob wiederum spielt für dieses Buch die Rolle des Außenseiters. Er ist australischer Journalist, der eines Tages seinen Job bei einer Zeitung kündigte, ein paar Jahre lang per TukTuk und Pferd von seinem Heimatland nach Europa reiste und in Österreich landete. Hier gründete er erst das Online-Magazin »Vienna Würstelstand« und dann die Werbeagentur »The Wurst Agency«.

Entgegen allen Erwartungen hat Jacob in Gabriel einen Wiener Kumpel gefunden. (Wieso es fast unmöglich ist, in Wien Freundschaften zu schließen, erzählen wir dir noch.)

Und diese Freundschaft hat es in sich. Wir sind die Art Freunde, die passende Bademäntel trägt. Und zusammen einen Podcast starteten.

Genau, jede Woche sitzen wir in einem Studio und nehmen den Podcast »**The Wurst Guide to Living in Austria**« auf. (Wir sind übrigens enorm stolz auf dieses kleine deutsch-englische Wortspiel zwischen »Wurst« und »Worst«.)

Dieses digitale Machwerk ist wirklich der WORST Reiseführer für Österreich. Vor allem, weil wir den Leuten weniger Reisetipps und mehr Lachfalten andrehen wollen.

Wir hoffen, dass dieses Buch dir mehr oder weniger denselben Dienst leisten wird.

Als Wiener, der auch viel Zeit im steirischen Outback verbracht hat, sind Gabriel einige kuriose Eigenheiten Österreichs gar nicht aufgefallen. Erst durch Jacobs australischen Blick von außen wurden sie auch für Gabriel sichtbar. Genau über diese Art von Dingen sprechen wir im Podcast. Und Tausende von Menschen mit Ohren scheint das jede Woche sehr zu freuen.

So wurde der Verlag *edition a* auf uns aufmerksam. Und plötzlich durften wir dieses Buch hier schreiben. Damit du aber mit den richtigen Erwartungen hineinstartest, müssen wir unbedingt betonen: Wir sind KEINE Österreich-Experten. Wir spielen knallhart mit Stereotypen und verallgemeinern so hart, dass es eine wahre Freude ist.

Aber natürlich erkennen wir die Tatsache an, dass es nicht den einen österreichischen Mustermenschen gibt. Und dass dieses Land mit einer Vielzahl Personen gefüllt ist, die zigtausende Lebensentwürfe leben – und nur die wenigsten davon sind grundfalsch. Hahaha.

Zweifellos wirst du dieses Buch aber in manchen Momenten gegen die Wand werfen und dir mit einem »Geh, i scheiß' mi au, wer hod denen des erlaubt?« ans Hirn greifen. Trotzdem hoffen wir inständig, dass du schon kurz darauf wieder lachen kannst.

Wir lieben Österreich und seine kuriosen, dunklen, absurden und herzigen Eigenheiten. Mit diesem Buch wollten wir sie in aufrichtiger Neugierde analysieren und danach fasziniert ausrufen: »Schau dir das an!«

Von heißen Saunabesuchen bis hin zu Sex und Dating im Alpenland werden wir dir Österreichs Highlights wie ein altgedienter Wiener Ober servieren: in ehrvoller Haltung und mit frechem Schmäh.

Ob uns das gelingt, musst du jetzt selbst entscheiden.

Schau ma mal

Die sieben Todsünden von Österreich

Okay, what the fuck. Warum wird es jetzt religiös, Oida? Es ist unmöglich, über Österreich zu schreiben und die Religion völlig außen vor zu lassen. Wir versuchen es jetzt aber einmal in unserem Stil. Für alle, die aber nicht wissen, was die sieben Todsünden, aka »the seven deadly sins« eigentlich sind, hier eine kurze Einführung. Und nein, es geht nicht um den Anime rund um Meliodas.

Stolz, Geiz, Wollust, Zorn, Völlerei, Neid und Trägheit

Die sieben Todsünden sind basically Laster der Menschheit. Ein Katalog des Fehlverhaltens. Ein kleines Einmaleins der Moral. Praktisch ein »How to hell«. Sie stehen für die Entfremdung von Gott, von einem selbst und den Mitmenschen. Irgendwo im alten Babylon oder Persien ist irgendwann jemand darauf gekommen, eigentlich ganz klare und eindeutige »No-Gos« aufzuschreiben und das dann als den neuen heißen Scheiß fürs Benehmen zu verkaufen. Wenn man so will, ein Thomas Schäfer-Elmayer vor Christi. Praktisch ein urzeitliches »Alles, was Sie über gutes Benehmen wissen müssen«-Buch. Und ja, das Buch gibt es wirklich. Und ja, ich musste es tatsächlich als 15-Jähriger in der Schule lesen. Das Einzige, was ich daraus gelernt habe, war, wie ich mir mit dem herausgerissenen Papier einen Joint drehen kann. No offence, Herr Schäfer-Elmayer!

Diese sieben Todsünden wurden bekannter und bekannter und schwappten in den Westen, wo die Kirche sie Hände faltend aufnahm und selbst predigte. Genauso wurden die Laster der Menschheit in der Kunst und Architektur verarbeitet. Kirchen wurden gebaut, Bilder gemalt und Papier beschrieben. Ob Dante, Giotto di Bondone oder die Erbauer von Notre-Dame. Die sieben Todsünden waren en vogue und machten ordentlich die Runde. Sie signalisieren auch ein Spiel zwischen Himmel und Hölle. Gut gegen Böse. Gott gegen den Teufel. Sebastian Kurz gegen die Justiz oder Michi Häupl und Spritzwein. Der Kampf mit sich selbst und seiner Lust. Die Zahl Sieben ist in der Kirche von hohem Wert und begleitet die Menschheit schon lange. Sie bedeutet Vollkommenheit. Sieben Wochentage. Sieben Sakramente. Sieben Liter Bier am Wochenende saufen. An sieben Tagen wurde die Welt erschaffen. Und mit sieben veröffentlichten Chatnachrichten kann eine Regierung gestürzt werden. Für viele aber ist sie nur eine Glückszahl und wird beim Lottospielen verwendet. Ich würde aber sagen, das war's mit der Religionsstunde. Um was geht es in dem Kapitel eigentlich? Wir haben versucht, die sieben Todsünden mit den kulturellen Eigenheiten und Eigenschaften von Österreich zu verweben und einen eigenen Katalog zu erstellen. Achtung, here it comes!

Die sieben Todsünden von Österreich.

Stolz oder Hochmut

Sehr oft haben Menschen, die in Österreich geboren sind, einen tiefen rot-weiß-roten Stolz im Herzen sitzen. Aber woher kommt dieser? Auf welche Taten ist man denn so stolz? Oft ist es, glaube ich, auch einfach falscher Stolz. Falscher Stolz auf die längst vergangenen Geschichten eines verlorenen Reichs. Ich meine, Hard Facts first: Österreich hat den Ersten Weltkrieg angefangen und war im Zweiten ganz vorne mit dabei. Das dritte Reich des hoffnungslosen Postkartenmalers aus Braunau und die Habsburger. Wir haben geglaubt, dass wir die Stärksten und Besten sind und alle von oben herab behandeln können. Diese alte Monarchie. Dieses riesige Reich, das vom späten 15. Jahrhundert bis Anfang des 20. Jahrhunderts ein absoluter Big Player in Europa und der Welt gewesen ist. Ich meine, Österreich hatte noch über fünfzig Millionen Menschen kurz vor dem Ersten Weltkrieg. Jetzt muss ich selbst aufpassen, dass mich nicht dieser falsche Stolz packt. Diese Vergangenheit schlummert tief in dem kollektiven Gedächtnis von Österreich. Aber daran habe weder ich noch die überwiegende Mehrheit, die noch lebt, mitgewirkt. Das eine ist jetzt gut hundert Jahre her, das andere knapp achtzig. Die wenigsten, die diesen Stolz in sich tragen, haben je mit einem Schwert gekämpft oder einen Schuss abgefeuert. Die, die diesen falschen Stolz in sich tragen, haben eher eine Hülsn[1] zu viel am Würs-

[1] Hülsn: Dosenbier

17

telstand gesoffen und können die Vergangenheit ihres Landes, mit der sie selbst in Wirklichkeit gar nichts zu tun haben, nicht loslassen. Das soll nicht heißen, dass Österreich nicht büßen und vergessen soll – keine Frage – aber ich denke, ihr wisst, was ich meine!

Die Todsünde des Stolzes spiegelt sich aber genauso in einem ganz anderen großen Aspekt von Österreich wider. Nicht in der Schönheit, keine Sorge. So schee sama ned! Sondern darin, Wissen zur Schau zu stellen. Kurz um: Wir sind titelgeil! Wie sehen Sie das denn, Frau Doktor? Was fehlt mir? Sie haben ganz klar einen schweren Verlauf der Titelgeilheit. Der Hochmut spiegelt sich im Verherrlichen seiner geleisteten Taten wider. Habe ich eigentlich schon erwähnt, dass ich auch einen Titel trage? Ich bin Bachelor of Arts! Es ist eigentlich unglaublich. Wir tragen unsere Titel teilweise so stolz vor uns her, dass wir sie uns auf das Türschild schreiben lassen. Grabsteine werden auch nicht verschont. Sogar Vorteilskarten müssen herhalten. Ich meine, welchen Kassierer interessiert es nicht, dass ich Medizin studiert habe? Klassische Notwendigkeiten beim täglichen Lebensmitteleinkauf. **Alle sollen wissen, dass ich g'scheit bin!** Die Titelgeilheit geht sogar so weit, dass in vielen Regionen in Österreich sogar die Partnerin oder der Partner mit dem Titel des anderen angesprochen wird. Stellen wir uns einen Doktor der Philosophie am Land vor. Okay, stopp, sowas gibt es nicht am Land, denken zumindest die präpotenten Schweine in Wien. Stellen wir uns also einen Doktor in Veterinärmedizin am Land vor. Seine Frau wird dann normalerweise automatisch von anderen Menschen als »Frau Doktor« angesprochen. Sie ist nämlich die Frau vom Doktor. Man schmückt sich mit fremden Federn. Das können wir ganz gut in Österreich. Kinder von hier geben gern und oft mit den Taten ihrer Eltern an. Mein Papa ist Anwalt. Meine Mama ist Ärztin! Ja, cool, okay. Aber wer bist du? Was hast du bis jetzt geleistet, außer in die Hose zu scheißen und aufzuzählen, was deine Eltern alles schon getan haben? Mit der Flasche wird praktisch der Stolz zugefüttert.

Geiz

Über Geld spricht man nicht. Das ist nicht nur eine bekannte Floskel in Österreich, sondern auch eine gelebte Philosophie. Menschen reden nicht gern darüber, was sie verdienen oder wie viel Geld sie am Konto haben. »Das geht dich doch nichts an, über Geld spricht man nicht«. Das ist ein Satz, den ich sehr oft in meiner Kindheit gehört und schnell gelernt habe. Von meinen Eltern, der Schule und der Gesellschaft selbst. Man fragt andere nicht, wie viel sie verdienen. Aktuelle Studien der österreichischen Nationalbank zeigen noch mehr, warum über Geld nicht gesprochen wird. Die Mächtigsten und Reichsten haben das Meiste. Das reichste Prozent in Österreich hat dreißig bis fünfzig Prozent des gesamten Privatvermögens des Landes in der Tasche. Das muss man sich mal auf der Zunge zergehen lassen. Ein Prozent. Ein Prozent hat fast die Hälfte. Vielleicht gibt es nicht ohne Grund das Sprichwort »Von den Reichen lernt man das Sparen« Aber ist reich sein gleich Geiz? Denke ich eigentlich nicht! Man kann an vielen Dingen reich sein, ohne eine Sekunde den Geiz in sich aufleben zu lassen. Es ist auch möglich, viel Geld zu haben und trotzdem nicht geizig zu sein. Ich kenne zumindest genug Beispiele. Jedoch ist der Geiz auch nicht automatisch mit finanziellem Reichtum gleichzusetzen. Der Geiz verschließt Menschen. Er lässt sie nicht öffnen und schnürt den Hals immer fester zu. Er lässt zu, dass man sich verkrampft an materiellen Dingen oder Geld festkrallt. Leider auch an Gefühlen und im schlimmsten Fall an Menschen und Beziehungen jeglicher Art. Eigentum wird leider oft von geizigen Menschen mit Liebe verwechselt. Das hat aber weniger mit Österreich zu tun. Es ist eher ein zwischenmenschliches Problem im Allgemeinen und soll den philosophischen Teil dieses Buches etwas abdecken. **Back to the topic.**

Die Erbschaftssteuer ist in Österreich ein sehr populäres Thema. Viele Parteien und Politikerinnen beißen sich die Zähne daran aus und versuchen, Stimmung für ihre Sache zu machen. In Österreich wird viel geerbt. Soll das Geld versteuert werden oder nicht? Diese Frage muss sich jede Person selbst stellen. Das Buch soll nicht zu politisch werden und eher versuchen, ein Bild von Österreich zu zeigen. Den Ist-Zustand zugespitzt und pointiert, weniger den Soll-Zustand. Der Geiz des Landes sprudelt öfters auch in alltäglichen Situationen auf. Man geht mit Freunden etwas essen und trinken. Alle haben einen guten Abend. Man sitzt und lacht bis in die späte Nacht hinein. Die Kellnerin kommt und will abkassieren. In ganz vielen Ländern wird sich dann immer darum gestritten, wer zahlen darf. Da ist es oft eine Ehre, zu zahlen und den anderen Personen am Tisch Freude zu bereiten. Das Dividieren ist auch eine beliebte Variante. Die Gesamtsumme wird durch die Gesamtanzahl geteilt. Dabei geht man davon aus, dass einmal der eine mehr hatte, beim nächsten Mal der andere. Am Ende des Tages kommt man aufs Gleiche hinaus. Fertig aus Micky Maus. Nicht so in Österreich. Ich war schon bei unzähligen Ausgeh-Abenden, wo Diskussionen um ein nicht zuordenbares Getränk entstanden sind. »Ich hatte nur zwei Spritzer!« »Ich hatte fix nur drei!« Der Geiz sprudelt auf und wird als »Prinzip« verkleidet. Dann muss der Kellner jede einzelne Person kassieren und hoffen, dass keine Schlägerei wegen eines 3,50 Euro Spritzers ausbricht. Der Geizige zahlt ungern eine Runde, der Geizige zahlt das, was er getrunken oder verspeist hat. Der Geizige teilt sich nicht die Rechnung, sondern zählt penibelst genau seine Bestellungen. Und wenn die Rechnung geteilt wird, Gnade dir Gott, du hast ein teureres Essen bestellt, als der andere! Und ich spreche hier nicht von den Personen, die es sich wirklich nicht leisten können, eine Runde zu zahlen. Jedes Mal, wenn ich an diese Art der Geiz-Kultur in

Österreich denke, schießt mir eine Situation in den Kopf: Ein spanischer Freund von mir war zu Besuch in Wien. Wir sind mit meinem Freundeskreis am Abend etwas essen gegangen. Wir teilten zwar mehrere Flaschen Wein, aber jeder hatte natürlich ganz klassisch österreichisch seinen eigenen Teller mit seiner eigenen Speise, die nicht geteilt wurde. Tapas wären undenkbar. Als der Moment des Zahlens gekommen war, ging die Kellnerin automatisch schon jeden Gast einzeln durch, da klar war, hier lädt niemand irgendjemanden ein. Mein Freund aus Spanien fragte mich danach ganz verwundert, weil er es ganz anders aus seinem Land kannte, warum wir nicht einfach die Rechnung durch sieben geteilt hätten. Ich antwortete kurz und emotionslos: **Welcome to Austria.**

Wollust oder Geilheit

Das wird mit Abstand die kleinste Todsünde. Da braucht man sich in Österreich keine Sorgen zu machen. Wir sind nicht für guten Sex oder romantische Pantscherl bekannt. Eher für sexuelle Übergriffe am Arbeitsplatz, Liebelei mit Familienmitgliedern oder Gefangenschaften in Kerkern. Hierzu findest du mehr in den Kapitel »Inzest-Jokes gehen immer, Stereotype und Klischees von Österreich« und »Sex und Dating in Österreich«. Aja, Pädophile und Kinderpornografie dürfen anscheinend auch nicht fehlen, wie die jüngsten Ereignisse in Österreich zeigten. Na gut, dann fehlt ja nicht mehr viel zu Tieren, oder? Puh! Kennt ihr die Geschichte schon? Da gab es einmal einen Zoowärter im Tiergarten Schönbrunn. Der hat sich immer nachts mit Freunden zu den Rhinozeros-Kälbern geschlichen. Mit Wassermelonen und viel Gleitgel haben sie dann – Spaß, Spaß, Spaß. Das wär zu oag! Dann lieber zum Sextourismus nach Kenia oder Südostasien. Wer sich das nicht vorstellen kann, sollte sich mal ein paar Filme von Ulrich Seidl anschauen. Da lernt man Dinge über österreichische Triebe, die man gar nicht erst wissen wollte. Schon mal *Tierische Liebe* geschaut? Da bekommen die Hashtags #animallove, #doglove oder #horseriding gleich eine ganz andere Bedeutung!

Immerhin sinkt die Scheidungsrate wieder. Juhu! Ein Grund mehr zum Heiraten! Im letzten Jahrzehnt lag sie nämlich bei ungefähr vierzig Prozent. Das sind von zehn Hochzeiten vier Scheidungen! Fast die Hälfte. Na bumms, da war Tinder-Gold oder ein gemischter Saunaabend doch zu verlockend. Ein Grund für die sinkende Scheidungsrate, die aktuell bei dreißig Prozent liegt, könnten auch die multiplen Krisen wie Inflation, Krieg oder Angst vor dem einbeinigen finanziellen Breakdown sein.

In einer Zeit von Tinder, Bumble und anderen Dating-Apps ist das Leben mit Wollust einfach geworden. Es gibt mittlerweile wirklich fünfhundert verschiedene Optionen, einen Menschen kennenzulernen. Es ist zur Normalität geworden, Sex über einen Touchscreen zu bekommen. Leichter als in einer Bar einen anderen Menschen kennenzulernen, der vielleicht auf derselben Suche ist. Dating war noch nie so leicht wie jetzt. Wir haben Fuckboys und Pick-Me-Girls kreiert und uns in toxischen Beziehungen miteinander verbandelt[2]. Schau ma mal, ich mag dich wirklich gern, aber ich schaffe echt keine Beziehung grad. Ich bin beziehungsunfähig, sorry. Es könnte ja immer was Besseres kommen. Lieber nicht zusagen. Die Art des Umgangs miteinander ist schlimm geworden. Jemand anderen zum Lustobjekt zu degradieren, dafür immer einfacher! Man hält sich lieber ein Gspusi[3], also eine Person, mit der man sich ganz unbesorgt hier und da trifft und sich die Seele aus dem Leib pudern[4] kann. Vielleicht gibt es noch ein Glas Wein danach oder ein weichgekochtes Ei und einen Kaffee in der Früh. Das war's aber. Ein bisschen Plauderei noch – alles gut, bei dir? Super, bis nächste Woche.

Zorn und Wiener Grant

Allgemein wird der Grant aus Wien von vielen Menschen zelebriert und gelebt. Auch außerhalb der Stadtgrenzen. Sich

[2] Verbandelt: zusammen sein, etwas miteinander haben
[3] Gspusi: Liebelei
[4] Pudern: Sex haben

aufzuregen gehört zum guten Ton in diesem Land. Es könnte ja immer etwas besser sein. Wer sich aufregt, bekommt auch meistens das, was er oder sie will. Die wenigsten fragen höflich nach der zweiten Kassa. Es wird herausgebrüllt, und damit es nicht zu sehr wie ein Schlachtruf klingt, wird noch ein ungewolltes »Bitte« am Ende hinzugefügt. Siehe Kapitel »Zweite Kassa, bitte«. Das Granteln hat Tradition. Dabei wird oft vergessen, wie gut es uns eigentlich geht. Fast jedes Jahr wird Wien zur lebenswertesten Stadt der Welt gewählt, gleichzeitig aber auch zur unfreundlichsten. Kannst auch nicht erfinden. Wie soll das denn bitte gehen? Wie zum Teufel schaffen wir es, in Wien unfreundlicher als in Paris zu sein? Die Kombination aus schön, sauber und sicher, gepaart mit einer gewissen Unzufriedenheit. Herrlich. Des is mei extra! Es wird gesudert und geraunzt. Aggressionen werden humorvoll in der Sprache verpackt. Natürlich brennt es auch öfters im Gesicht! Watschn fliegen umadum und die Zähne marschieren im Gänsemarsch aus dem Arschloch raus. Kurz ernst – Gewalt jeglicher Art findet leider jeden Tag in Österreich statt! Das will ich gar nicht verharmlosen oder abstreiten. Wieder deppert! Der Zorn kann auflodern und uns verändern. In Österreich wird es dir schon früh im Fernsehen beigebracht. Die legendäre Figur des Wiener Arbeiters Mundl Sackbauer in *Ein echter Wiener geht nicht unter* hat meines Erachtens einen großen Beitrag zu diesem Klischee geleistet. Generationen hat er mit seinen Sprüchen geprägt. Schreien, brüllen, sich aufregen, das kann der Wiener. In den kreativsten Weisen beschimpfte Mundl Sackbauer seine Mitmenschen und setzte dadurch auch einen Impuls für den Wiener Dialekt selbst. Sätze wie: »Du kriegst a Watschn, dass dir 14 Tag' der Schädl wackelt« wurde zum Kulturgut und lebt bis heute im Gedächtnis vieler weiter.

Zum Glück hat Wien ein Hupverbot,
sonst hätte die ganze Stadt einen Tinnitus!

Völlerei, der Genussmensch

Österreich, das Land der Schmankerl. Wiener Schnitzel, Sachertorte, Punschkrapferl, Kaiserschmarrn, Apfelstrudel, Kürbiskernöl, Gemischter Satz, Backhendl und Tafelspitz. Die Liste könnte ich ewig weiterführen. Die Österreicherinnen und Österreicher lieben es, gut zu essen und zu trinken. Wenige Dinge werden in diesem Land so groß gehalten und verteidigt wie die Kulinarik. Darauf sind wir stolz. Der Stolz ist aber nicht so wie oben falsch. Der ist fix gerechtfertigt! Wir können gut backen, kochen, Wein pressen und Bier brauen. Die Kaffeehauskultur ist weit über die Grenzen des Landes bekannt und ist praktisch der Ort der Völlerei schlechthin! Ausgedehnt mit größter Gemütlichkeit sitzen, plaudern, essen und trinken. Schauen, wohin andere Menschen schauen. Der eine Espresso hier, die andere Melange da. Vielleicht noch einen Schlagobers zum Apfelstrudel, oder darf's danach noch eine Käseplatte sein? Denkt man an die ersten zehn Assoziationen mit Österreich, sind mindestens fünf davon Speisen oder Getränke. Ein Besuch in Österreich ohne Wiener Schnitzel und Bier ist unvorstellbar. Frühstücksvariationen und eine Jause nach der anderen. Jausnen ist übrigens meine Lieblingsbeschäftigung und Speise zugleich. Falls man es überhaupt Speise nennen kann. Es ist eigentlich nur kalter Fleisch-, Käse- und Gemüseaufschnitt in den verschiedensten Variationen. Von Bundesland zu Bundesland anders zubereitet, versteht sich. Mit Butterbrot und Kren, scharfem Liptauer und Pfefferoni, Verhackerts mit Zwiebeln, Leberaufstrich und hartgekochtem Ei. Ich könnte die Liste noch lange fortsetzen. Das liegt aber hauptsächlich daran, dass ich gerade »Verschiedene Aufschnitte Österreich« gegoogelt habe. Dürfen wir Ihnen noch einen Kaiserschmarrn mit selbstgemachtem Apfelmus zaubern? Wollen Sie vielleicht einmal unser selbst gepresstes Kürbiskernöl versuchen? You got the point! Die Völlerei. Man verweilt gern und genießt. Österreich lebt den Tourismus und die Gastronomie wie kein zweites Land. Die Alpenregion lebt vom Tourismus genauso wie die Hauptstadt Wien. Ein glücklicher Gast kommt wieder. Die Geselligkeit in diesem Bergland wird großgeschrieben und teilweise auch gelebt. Schaut man in die ländlichen Regionen, kommt die Völlerei teilweise zur Sauferei. Shitstorm incoming! Der Genuss wird zum Absturz. Natürlich auch in Wien, aber keiner kann mir erzählen, dass jemand aus der Stadt jemanden vom Land unter den Tisch saufen kann. Ich lege meine Hand dafür ins Feuer, dass es irgendwo da draußen gerade 13-jährige Landburschen gibt, die mit einem Bier in der Hand Traktor fahren. *Saufen, bis der Arzt kommt* wird in Österreich wirklich ernst genommen. Das beliebteste Hobby in diesem Land ist das Saufen selbst. Es gibt praktisch für jeden Anlass einen Grund, Bier zu trinken oder sich einen Spritzer zu genehmigen. Du bekommst spontan Besuch? Trink ma was! Du läufst jemandem zufällig auf der Straße über den Weg? Geh ma auf ein Glaserl! Du triffst jemanden zufällig im Fitnesscenter? Gehen wir danach auf ein Seiterl[5]? Genauso ist es absolut okay, sich ein »Schluckerl« zum Mittagessen zu genehmigen. Man lebt ja nur einmal, oder? »Man bringe den Spritzwein« ist nicht ohne Grund eines der legendärsten Zitate, die dieses Land hervorgebracht hat. Der ehemalige Wiener Bürgermeister Dr. Michael Häupl ist ein bekannter Genussmensch, Weintrinker und Sprücheklopfer. Apropos Wein. Österreich ist auch sehr bekannt für seinen Wein und ist am weltweiten Markt absolut konkurrenzfähig. Für Österreich ist Wein so essenziell, dass es seit mehreren Jahrzehnten ein eigenes Bundesamt dafür hat. Das Bundesamt für Weinbau kümmert sich um Tätigkeiten wie Forschung, Qualitätsüberprüfung, Kontrolle, Schutz und Erhalt der Sorten und der Vielfalt. Ein

[5] Seidl, Seiterl: kleines Bier mit 0,3 Liter

Achterl Wein oder ein Glaserl Spritzwein nach der Arbeit zu trinken ist selbstverständlich. Du wirst eher komisch angeschaut, wenn du nicht trinkst. *Ist eh alles okay mit dir? Du trinkst nichts!* Man säuft einfach und trifft sich zum Trinken. Ein Bier hier, ein Bier da. Wir haben sogar eine politische Bierpartei. Wir waren erstaunt, wie oft sich der Alkohol durch verschiedene Kapitel im Buch zieht. Alkohol wird dermaßen verharmlost und gesellschaftlich akzeptiert in diesem Land, dass ich mir hier vor lauter Schreiben selbst ein Bierchen aufmachen musste. Kleine Schnapsflaschen werden genau auf Augenhöhe bei der Supermarktkassa platziert. Griffbereit für den kleinen »Durst« zwischendurch. Die Österreicherin und der Österreicher sind besonders gut darin, Gründe zu erfinden, Alkohol zu trinken. Genauso kann jegliche Art der Beschäftigung schnell zu einem Grund zum Trinken ausufern. Ich meine, wozu wurden sonst Feuerwehrfeste erfunden? Das sind Partys in ländlichen Gegenden der Freiwilligen Feuerwehr, die oft Treffpunkt jüngerer Menschen sind und ein flüssiges Zusammenkommen garantieren. Ebenso ist ein Sommer ohne Grillerei in Österreich unvorstellbar. Üppige Tische voll beladen mit köstlichen gebratenen Speisen. Essen und trinken. Plaudern und leben. Apropos leben. Rauchen muss hier auch noch erwähnt werden. Das Rauchen gehört nämlich zur Völlerei dazu und zieht sich durch die Kultur des Genussmenschen aus Österreich. Hierzulande raucht man einfach gern. Bis Ende 2018 war es in Österreich noch erlaubt, mit 16 Jahren zu rauchen. Ende November 2019 kam dann auch noch das Rauchverbot in der Gastronomie und in Kaffeehäusern und somit für viele Einheimische das Ende einer Ära der Völlerei und des Genusses. Über Alkohol, Essen und Rauchen gibt es ein eigenes Kapitel. Siehe: »Bierchen«, »Mahlzeit!« und »Host an Tschick?«

Neid

»In Wien musst erst sterben, damit sie dich hochleben lassen. Aber dann lebst lang«, sagte einst der bekannte österreichische Kabarettist und Schauspieler Helmut Qualtinger. Das Zitat sagt schon einiges über unsere Neid-Kultur aus. Du kannst zu Lebzeiten den noch so größten Erfolg haben, er wird dir gern und oft klein oder madig geredet. Nicht ohne Grund vertschüssen sich viele talentierte Menschen aus der Kunst- und Kulturbranche ins Nachbarland Deutschland. Allein aus der Musikbranche könnte ich aus dem Stand fünf Personen aufzählen, die erst mit ihrem Umzug den Durchbruch schafften. In Österreich gönnt man sich prinzipiell wenig. Ein Grund könnte auch der Zerfall des alten Kaiserreichs sein. Ja, jetzt kommt schon wieder die fade Geschichte ins Spiel. Österreich war halt einfach vor gut hundert Jahren noch um einiges größer und mächtiger. Zwei verlorene Weltkriege später sind wir deutlich kleiner und belangloser geworden. Wenn ein Land schrumpft, werden nicht nur die geografischen Grenzen kleiner. Die meisten Strukturen und Arbeitsbereiche schrumpfen automatisch mit. Das geht dann auch Hand in Hand mit der Freunderlwirtschaft und Korruption. Man kennt sich schneller und hasst sich genauso schnell. In vielen Branchen, wie im Kulturbereich, gibt es nur endlich viele Plätze für Schauspielerinnen oder Künstler. Deine Chancen auf eine Anstellung werden in Österreich immer höher sein, wenn du jemanden kennst, der jemanden kennt. Schwuppdiwupp – der perfekte Nährboden für Neid und Zwietracht. Da kannst du noch so gut Tränen vortäuschen und überteuerte Schauspielkurse in New York belegt haben. Wenn die Cousine deines Konkurrenten mit der Tante des Regisseurs befreundet ist, hast du Pech gehabt. Mehr dazu im Kapitel »Freunderlwirtschaft ist keine Korruption«. Mit Erfolg wird hier anders umgegangen als in anderen Ländern. Das soll nicht heißen, dass man mit seinen Erfolgen nicht hausieren geht und sie präsentiert. Vielleicht sogar deshalb, weil dir weniger vergönnt wird, gönnst du automatisch auch weniger. Jeder ist jedem alles zu neidig. Oder auch »z'neidig« ausgesprochen. Selten hörte ich »gut gemacht«, sondern meistens nur »das geht noch besser!« Alle schauen immer, was die Nachbarin oder der Freund hat. Wenn jemand neue Schuhe hat, kauft man sich bessere. Andernfalls werden sie hinterrücks schlecht geredet. In Österreich liebt man es nämlich, zu lästern. Hast schon gesehen, was er gemacht hat? Was sie sich wieder gekauft hat? Woher hat der bitte das Geld? Ich wette, sie hat ihren Mann mit seinem reichen besten Freund betrogen!

Trägheit oder Faulheit

Oder wie wir in Österreich sagen: Gemütlichkeit.

Die Gemütlichkeit ist absolutes Kulturgut in diesem Land. Selten habe ich so eine Ruhe in Menschen gesehen wie in Österreichern. Die Ambivalenz zwischen »Schaffen, schaffen, Haus bauen« und »Schau ma mal, dann seh ma's eh« ist brillant. Schwierig zu sagen, ob die eine Philosophie nur am Land und die andere nur in der Stadt gelebt wird. Wenn eine Entscheidung zu treffen ist, folgt oft die Antwort: »Schau ma mal, dann seh ma's eh.« Das »Schau ma mal« wird genüsslich bis zur Gänze verwendet und gelebt. Perfekt also als Titel für unser Buch. Wir schauen auch mal und sehen, was wird. Man möchte nicht gleich Entscheidungen treffen. Abwarten und Melange trinken ist die Devise. Schauen was noch kommen kann und sich alle etwaigen Resultate in Ruhe überlegen. Ich gehöre auch zu dieser Sorte Mensch, die sich schwertut, Entscheidungen zu treffen, und sie gern auf die kulturelle Gemütlichkeit schiebt. In Österreich wurde das Prokrastinieren erfunden. So sind wir halt, jetzt stress mich nicht. Morgen ist auch noch ein Tag! Diese Gemütlichkeit geht Hand in Hand mit dem obigen Kapitel der Völlerei. Für viele gibt es nichts

Schöneres, als den ganzen Tag im Kaffeehaus oder Beisl[6] zu sitzen und einfach zu sein. Spazieren gehen und mit dem Kopf in den Wolken hängen. Über das Leben philosophieren und einen großen Mokka[7] trinken. Wenn sich das alles nicht ausgeht, wird auch gern der bezahlte Krankenstand aktiviert. Völlig gleichgültig, ob man wirklich krank ist oder es nur vortäuscht, um nicht arbeiten gehen zu müssen. Jacob meinte mal zu mir, dass Österreichs Gemütlichkeit vielleicht auch etwas mit den kulturellen Einflüssen der Nachbarländer zu tun haben könnte. Na no na ned! Er meinte, wir sind der beste Hybrid von oben und unten. Das klassische Sandwich-Kind. Wir können hart arbeiten, wie in Deutschland, aber genauso entspannt einen Lenz machen[8] wie in Italien. Am Ende des Tages ist es aber auch wurst, schau ma mal, dann seh ma's eh!

[6] Beisl: kleineres Wirtshaus
[7] Großer Mokka: doppelter Espresso
[8] Lenz machen: faulenzen, entspannen

Die tragische Liebesgeschichte eines jungen Australiers, der sich in eine Stadt verliebte

Kennst du den Film *Before Sunrise*? Ein Mann und eine Frau treffen sich im Zug. Sie steigen in Wien aus und verbringen eine magische Nacht miteinander. Ich hatte eine ähnliche Erfahrung. Mit einem Kanadier. Leider war es weder magisch noch romantisch. Wir endeten am Wiener Gürtel im Rotlichtviertel. (Aber das ist eine Geschichte für ein anderes Buch.)

Den Kanadier habe ich zufällig im Zug von der Tschechischen Republik nach Wien getroffen. Aber beginnen wir diese Geschichte an der Stelle, an der ich und dieser Kanadier die Kärntner Straße in der Wiener Innenstadt entlangliefen. Als unerfahrener Australier war ich für die winterliche Eiseskälte absolut unzureichend angezogen und schleppte einen dreißig Kilogramm schweren Rucksack mit mir herum. Das alles war jedoch komplett vergessen, als mir die Augen übergingen beim Anblick der schönen Auslagen dieses Einkaufsboulevards.

Wir hofften, Stehplätze in der Oper zu bekommen. Egal, was auf dem Programm stehen würde. Drei Euro für Stehplätze in einem weltberühmten Opernhaus waren die Eile wert.

Während ich ging, wollte es meinen Augen nicht gelingen, meinem Gehirn eine Botschaft zu übermitteln: »Du läufst gerade durch eine Umgebung wie in den Büchern, die du als Kind in Australien gelesen hast.« Immer wieder blieb ich stehen und starrte ungläubig die Fassaden, Menschen und das Kopfsteinpflaster an. »Seht euch dieses Gebäude an! Ist es nicht wunderschön?«, rief ich jemandem zu, den ich nicht kannte.

Im nächsten Moment ärgerte ich mich, dass in diesem geschichtsträchtigen Gebäude offensichtlich ein H&M untergebracht war.

»Komm schon!«, rief der Kanadier, »sonst kommen wir zu spät!«

Wir begannen zu rennen. Ich war noch immer ganz abgelenkt von den Prachtbauten im ersten Bezirk – und stieß mit einer anderen Person zusammen. Im Stress bemühte ich mich, »Entschuldigung« korrekt auszusprechen, doch es hörte sich eher wie »Enchiladas« an.

So hat meine Liebesgeschichte begonnen. Ich war 21 Jahre alt, Backpacker, und habe Wien sofort in mein Herz geschlossen.

Viele Australierinnen und Australier machen Euro-Rucksackreisen. Sie reisen mit dem Zug durch den europäischen Kontinent, hüpfen zwischen Herbergen, Bars und Betten hin und her. Zwischendurch sehen sie sich ein paar Sehenswürdigkeiten und Wahrzeichen an. Die meisten kehren mit einem Haufen Geschichten nach Australien zurück. Das habe ich auch getan. Aber dann kam ich wieder hierher. Denn meine Europareise war für mich etwas Tiefgreifendes. Während der vier Monate, die ich mit meinem Rucksack in Europa gewesen war, hatte sich etwas in mir verändert.

Als ich mein Rucksackabenteuer beendet hatte und nach Australien heimgekehrt war, besuchte ich meinen Englischprofessor von der High School. Er war immer so etwas wie ein Mentor für mich gewesen. So stand ich vor ihm, er begrüßte mich mit einem langen Blick und dann mit dem, was er für die europäische Version meines Namens hielt: »Jacques! Und Jake! Du bist jetzt halb Europäer und halb Australier!«, sagte er.

Gott sei Dank hatte er sich gegen das deutsche »Jakob« entschieden.

Ich lächelte ihn an. Er hatte es auch gesehen.

»Und wann gehst du zurück, um dort zu leben?«, fragte er. Er konnte sehen, dass ich verliebt war, und wusste noch vor mir, dass ich zurückgehen würde.

Ich lebe nun schon seit einigen Jahren in Wien. Und trotz der Herausforderungen und der verschlossenen Grundeinstellung der Menschen bin ich immer noch hoffnungslos in die Stadt verliebt. Ein Spaziergang durch die Altstadt hat immer noch dieselbe Wirkung auf mich. Ich glotze immer noch und stolpere über die Leute und schwärme für das alte Europa, das Wien für mich darstellt.

Ich bin immer noch das australische Vorstadtkind, das durch eine großartige Stadt spaziert, die viel erlebt hat: das Leben unter einer alten Zivilisation, ein Kaiserreich, zwei verheerende und lähmende Kriege, eine Zeit der Folgen eines Krieges und eines Völkermordes, friedliche Zeiten voller Musik und kultureller Größen, die erstaunliche Dinge geschaffen haben.

Old Vienna has seen some shit.

Europa hat mich schon immer gereizt. Ich war einer der wenigen Australier, die Klimt und Schiele kannten, bevor sie ein Museum in Wien besuchten. Was soll ich sagen: Sport begeistert uns mehr als Kultur.

Wien hat Schichten und Wurzeln, die mir die australische Vorstadt nicht bieten konnte. Also zog mich irgendetwas hierher nach Österreich. Versteh mich richtig: Ich bin immer noch hin- und hergerissen zwischen Jake und Jacques. Ich vermisse das Aufwachen zum Gesang der Vögel, ich vermisse meine Familie, ich vermisse den Busch und den Geruch von Eukalyptus. Ich vermisse auch die spirituelle Verbindung zum Land, die Australien hat und die wir den australischen Ureinwohnern zu verdanken haben.

Apropos. Wie Österreich hat auch mein Land eine tragische Identitätskrise. Es versucht auch immer noch, einen Teil seiner Geschichte, der es zu dem macht, was es ist, abzustreifen.

In Australien ist es ein kolonialer Makel. Ein Makel, den die australische Bevölkerung anerkennen und zum Wohle der

Ureinwohnerinnen und Ureinwohner des Landes beseitigen sollte.

Österreichs Makel ist der Krieg, in dem es behauptet, Opfer gewesen zu sein. Nur Zuschauer der Geschichte. Tief in seinem Inneren weiß das Land aber sehr wohl, dass es in ebenjener Geschichte auch Täter war.

Wenn nur beide Länder aufhören würden, die Schandflecken mit Make-up abzudecken und stattdessen darauf zeigen und zugeben: Das haben wir getan. Und es tut uns leid. Vielleicht würde dann ein großer Teil des Traumas, das beide offensichtlich verfolgt, gelöst werden und eine Chance zur Heilung bestehen.

Wenn ich von offensichtlichem Trauma spreche, meine ich das auch so:

Wenn ich mit einem breiten Grinsen durch Wien laufe, falle ich auf. Nicht, weil die Menschen in dieser Stadt nie lächeln. Das tun sie. Aber schau dich in einem U-Bahn-Waggon um. Der vorherrschende Gesichtsausdruck ist geprägt von einem Mix aus Anspannung, Frustration und Niedergeschlagenheit.

Jemand nannte es einmal das
»Resting-Wien-Face«.

Für dieses mürrische Gemüt sind sie bekannt, die Wienerinnen und Wiener. Und irgendwie feiern sie diese Stereotype sogar noch. Raunzen, sudern, granteln. Ein bisschen stolz sind sie auf diese klaren Charakterzuschreibungen der Außenstehenden. Und sie erkennen die Komik hinter dem eigenen Verhalten. Schließlich steckt in jedem Witz ja auch ein Quäntchen Wahrheit, gell?

Die Welt zeichnet die Stadt fast jedes Jahr mit dem Titel »lebenswerteste Stadt« aus. Die Einheimischen zitieren dieses Ergebnis und bestätigen es in einem Moment, verfluchen die Stadt aber im nächsten bereits wieder, als sei sie ein nerviger Ehemann oder eine ungemütliche Ehefrau, deren Anblick sie nicht ertragen können.

Ich starte gerade und will erzählen, wieso mich der Wiener Sirenengesang immer wieder einholt. Aber zuerst möchte ich den Wienerinnen und Wienern eines mitgeben:

Wacht auf und riecht an den Tulpen,
die von den Menschen der Wiener Stadt-
gärten jeden Herbst eingepflanzt
werden und im Frühjahr dann aus der Erde
schießen und die Stadt zu einem
duftenden Farbenmeer machen.
Es gibt nicht viele Städte, die sich um so
etwas Wunderschönes kümmern.

Es fühlt sich an, als würde die Welt immer abgefuckter und unsicherer werden. Da ist schon das österreichische Sozialsystem Grund genug, zu feiern. Es ist nicht selbstverständlich, dass im Krankheitsfall die kostenlose Gesundheitsversorgung gleich um die Ecke ist.

Es ist nicht selbstverständlich, dass man zu Hause einfach den Wasserhahn aufdrehen kann und Hochquellwasser bester Qualität aus dem Hahn sprudelt.

Es ist nicht selbstverständlich, dass man eine staatlich geförderte Wohnung bekommt, wenn man sich allein keine leisten kann.

In der Zeitung *The Guardian* hieß es 2023: »Wenn Sie glauben, dass menschenwürdige Wohnungen für alle ein unmöglicher Traum sind, schauen Sie sich Wien an.«

Du hast erreicht, was andere für einen unmöglichen Traum halten, Wien!

Dass Mutter UND Vater bei ihrem Kind sein können, wenn es das Licht der Welt erblickt.

Dass hochwertige Bildung für alle kostenlos ist.

Dass die Kriminalitätsrate so niedrig ist.

Dass wir eines der umfassendsten und smartesten öffentlichen Verkehrssysteme der Welt nutzen können.

Dass es an jedem Bahnhof Aufzüge für diejenigen gibt, die sie brauchen.

Dass die Stadt kostenloses Spielzeug für Kinder in Sandkästen zur Verfügung stellt.

Dass es jedes Jahr Hunderte kostenlose kulturelle Veranstaltungen gibt, wie zum Beispiel das Donauinselfest.

Dass eine Stehplatzkarte in der Oper nur drei mickrige Euro kostet.

Dass es eine Fülle von Unterstützungsleistungen für diejenigen gibt, die sie brauchen.

Und du bist immer noch grantig?

Ich verstehe, dass nicht alles perfekt ist. Es gibt einen Mangel an Lehrpersonen und Pflegekräften, manchmal kommt die U-Bahn ein bisschen später und vielleicht hast du dir heute Morgen die Lippen an deinem Tee verbrüht.

Wir Menschen sind nicht perfekt. Und die Gesellschaft und die Infrastruktur auch nicht.

Aber wir haben es richtig, richtig gut in Wien. Es ist ein vergleichsweise friedlicher Ort voller Möglichkeiten.

Ein ehemaliger Zeitungsredakteur von mir sagte, ein Zeichen für eine friedliche und gut funktionierende Gesellschaft seien lächerliche Schlagzeilen auf den Zeitungstitelseiten. Soll ich dir ein Beispiel verraten?

»Teigtascherl-Mafia: Noch mehr Fabriken aufgeflogen.«

Da ging es um verborgene Fabriken in Privathäusern ohne ausreichende Hygiene, die für zig asiatische Lokale Teigtäschchen hergestellt haben sollen.

So schlimm kann es um Wien nicht stehen, wenn das die wichtigste Story des Tages ist.

Vielleicht höre ich mich mit meiner Moralpredigt an wie ein verhasster Elternteil. Das ist nicht meine Absicht. Es wäre einfach eine Schande für eine Stadt, die jedes Jahr eine Goldmedaille gewinnt, wenn die Menschen sie nicht zu schätzen wüssten. Lasst uns all diese Vorzüge genießen, solange die guten Zeiten weitergehen.

Viele sagen, Wien bewege sich zu langsam.

Dass Trends hier fünf Jahre später als überall sonst eintreffen.

Stimmt, Wien bewegt sich in seinem eigenen Tempo. Und das gefällt mir.

Ich verstehe, dass hier viel Bürokratie herrscht, wenn es um neue Dinge und den Fortschritt in der Stadt geht. Aber wenn der Rest der Welt begreift, dass Schnelligkeit und stetige Veränderung nicht nachhaltig sind, könnte man Wiens Langsamkeit sogar als zukunftsfähig verstehen.

Manchmal muss ich Wien erst verlassen, um zurückzukehren und es neu wertzuschätzen. Etwa so, als hätte ich einen ganzen Tag lang High Heels getragen und würde dann in mein bequemes altes Paar Hauspatschen schlüpfen.

Ich empfehle also Folgendes: Die Wiener Bevölkerung macht einen Städtetausch mit irgendeiner anderen Großstadt dieser Welt. Zum Beispiel mit Buenos Aires. Kannst du dir das vorstellen?

Der Stephansplatz wäre voller Menschen, die auf der Straße Tango tanzen und Essensstände voller Geschmacksexplosionen betreiben. Währenddessen käme das einzige Geräusch in

Buenos Aires von den Wienerinnen und Wienern, die sich darüber beschweren, wie sau heiß es ist.

Nach einer Woche würden sie zurücktauschen.

Stell's dir bildlich vor. Fühl dich hinein in diese Situation. Du kommst wieder in Wien an. Wie fühlt sich das an? Sicher, geborgen und gemütlich, oder?

Ich sage nicht, dass Buenos Aires scheiße ist. Ich habe dort gelebt und es hat viele Dinge zu bieten, die in diesem Index der »lebenswertesten Städte« nicht berücksichtigt werden.

Abgesehen von den zahlreichen Problemen ist Buenos Aires eine lebendige, farbenfrohe Stadt, in der die Menschen sehr offen sind und miteinander plaudern, egal, ob das Gegenüber aus der Fremde oder aus dem Nachbarhaus kommt.

Wenn du einen Menschen aus Wien dazu bringen willst, den Satz »Wo bin ich denn hier gelandet?« zu murmeln, musst du ihn nur spontan auf der Straße ansprechen und in Smalltalk verwickeln.

Und genau das ist es, was Wien meiner Meinung nach in seiner Utopie fehlt – tägliche Interaktionen zwischen Fremden. Es ist erwiesen, dass das die Menschen deutlich glücklicher macht. Wir sind nun einmal soziale Wesen.

Als Stadt ist Wien großartig. Die Art und Weise, wie die Menschen hier sozial miteinander umgehen, empfinde ich allerdings sehr oft als rätselhaft unbeholfen und dysfunktional.

Und ich meine dysfunktional. Wenn deine Nachbarin die Polizei ruft, wenn du ein paar Kumpels zu Besuch hast und die Musik nach 22 Uhr noch zu laut ist, ist das eine dysfunktionale Art, miteinander umzugehen. Das ist asozial. Deshalb glaube ich, dass es in Wien üblich ist, die Polizei zu rufen, wenn die Nachbarschaft zu laut ist. Nicht, weil die Nachbarin, die die Polizei ruft, ein bisschen ein Arschloch ist. Sondern weil der Anruf bei der Polizei es ihr ermöglicht, soziale Interaktion zu vermeiden.

Ich hatte eine unerfreuliche Situation mit meinem neuen Nachbarn Helmut. Er beschwerte sich über einen Bambuszaun, den ich von meinem Vormieter übernommen hatte und später zu den Mülltonnen stellte.

Ich hatte gehofft, dass die Müllabfuhr ihn mitnehmen würde.

Das hatte sie nicht getan. Und der Zaun lag immer noch da. Helmut war nicht glücklich darüber.

Na gut.

Ich entschuldigte mich bei ihm und sagte ihm, ich würde mich sofort darum kümmern. Der gute alte Helmut schüttelte den Kopf und sagte: »Okay, aber ich glaube, ich muss das der Hausverwaltung melden.«

»Aber wir haben doch gerade darüber gesprochen und die Angelegenheit geklärt. Warum müssen Sie das jetzt noch der Hausverwaltung melden?«

»Es sollte gemeldet werden«, befand er.

Er wollte sichergehen, dass ich Konsequenzen für meine Übertretung zu tragen hatte. Und das, obwohl wir von Mensch zu Mensch miteinander gesprochen und eine Lösung gefunden hatten.

Als ich das einigen einheimischen Freunden und Freundinnen erzählte, lachten sie nur. »Ja, das ist typisch wienerisch«, erklärten sie mir heiter, als wäre das ein fester Bestandteil der gesellschaftlichen Etikette der Stadt, den man nicht ändern kann.

Im Laufe der Jahre fiel es mir immer mal wieder schwer, das zu akzeptieren. Und immer, wenn ich Gabriel darauf ansprach und die Situationen schilderte, sagte er nur: »Schau, im Namen von ganz Wien: Wenn es dir nicht gefällt, schleich dich!« Bis heute bin ich nicht sicher, ob er es im Spaß oder komplett ernst gemeint hatte.

Zumindest habe ich das Gefühl, dass ich Wien immer besser verstehe.

Die Wienerinnen und Wiener begegnen neuen Menschen standardmäßig mit Skepsis. Es ist wie ein Kraftfeld gegen die Bedrohung durch das Fremde und Andersartige.

Aber wenn man erst einmal den Spießrutenlauf dieser Skepsis überwunden hat, sind die Menschen Wiens warmherzige, freundliche und überaus lustige Wesen. Insbesondere wegen ihres dunklen, sarkastischen und trockenen Humors. Ein Charakterzug, den gerade wir Australier besonders schätzen.

Wieso dieses Kapitel den Titel einer »tragischen Liebesgeschichte« trägt? Weil ich manchmal das Gefühl habe, dass Wien meine Liebe nicht erwidert.

Dass die Stadt mich nicht zurückliebt.

Aber wie die meisten toxischen Beziehungen, die süchtig machen, wird mich auch Wien für immer in seinem Griff halten.

Zweite Kassa, bitte!

Ein Land der Gemütlichkeit hat keine Geduld. Ein Widerspruch durch und durch! In Österreich liebt man es, zu flanieren, zu verweilen und zu entspannen. Schau ma mal, dann seh ma's eh! Nur ned hudeln! Vom hudeln[9] kommen nur schiache[10] Kinder. Alles mit der Ruhe. Es gibt aber eine Ausnahme. Das Rufen nach der zweiten Kassa gilt für viele in Österreich als heiliges Mantra, das täglich vor sich her gerufen wird. Kultig, frech und edgy. Für alle, die überhaupt keine Ahnung haben, wovon ich hier eigentlich spreche, hier mal eine kurze Erklärung. Und wenn du das jetzt liest und dir denkst: »Hoid di Gosch'n oida, des is ganz normal, nach einer zweiten Kassa zu rufen!«, dann gib mir bitte die nächsten Zeilen Zeit, um dich vielleicht zum Nachdenken anzuregen:

Der Zweite-Kassa-Kampfschrei wird üblicherweise tagein, tagaus in jedem Supermarkt in Österreich gern und oft mit vollstem Genuss praktiziert. Natürlich am häufigsten in Wien. Es gibt hier jetzt keine empirischen Studien dazu. Ich behaupte es einfach. Auf den ersten Blick scheint es eine legitime Bitte zu sein, die Zeit für alle Beteiligten etwas zu verkürzen. Schaut man jedoch etwas länger hin, könnte sich auch eine ganz andere aufgestaute Emotion dahinter verbergen. Denn oft wird der Zweite-Kassa-Kampfschrei verwendet, um die ganze Wut, die sich über den Tag angestaut hat, herauszubrüllen. Ähnlich wie beim Autofahren. Die ruhigste Person

---

[9] hudeln: etwas chaotisch und schnell machen
[10] schiach: hässlich

wird vor dem Lenkrad plötzlich zum brüllenden Monster. Das kann viele Gründe haben. Man ist mit seinem Leben nicht zufrieden. Man bereut es, bei der letzten Nationalratswahl die falsche Partei gewählt zu haben, weil der billige Populismus den Ohren doch zu sehr geschmeichelt hat. Man hat schlecht geschlafen. Hatte schon lange keinen Sex mehr. Ein Putschi[11] drückt im Bauchi. Man hat's eilig, der nächste Termin wartet, oder alles ist einfach oasch. Der Grund ist eigentlich auch völlig egal und spielt nicht wirklich eine Rolle.

Die Zeit ist schuld!

Du willst nicht warten. Du willst diese verdammten zwei Minuten einfach nicht warten! Du wartest schon dein ganzes beschissenes Leben lang! Jeden Tag wartest du! Du wartest auf den Friseur, du wartest im Warteraum deiner Ärztin, du wartest auf deine schreienden Kinder, Partnerin oder Partner, auf deine Freunde, Freundinnen und Vorgesetzten. Du wartest auf U-Bahn, Bim, Bus und Bahn. Du wartest und wartest und wartest. Aber hier wartest du nicht, nein! Hier wartest du sicher nicht. Du bist der Chef, du bist die Kundin, du bist der verdammte König. Du finanzierst diesen ganzen Drecksladen mit deiner billigen Leberkässemmel und deinem Cola Zero. Du bist eine Königin, die gerade zwischen Snickers, Kirsch-Kau-

---

[11] Putschi: Schas oder Furz

gummis und kleinen Schnapsfläschchen to go warten muss. Sicher nicht. Deine Zeit ist gekommen. Deine Zeit ist mehr wert – du könntest in diesen zwei Minuten, die du dir sparst, so viel mehr im Leben erreichen! Wenn du nicht jeden verdammten Tag zwei Minuten an der Kassa warten müsstest, dann wärst du schon längst Abteilungsleiter. Schon längst hättest du deinen geleasten Wagen abbezahlt und schon längst würdest du dir das Bio-Hendl kaufen können, weil du es dir leisten kannst. Die anderen sind schuld, nicht du! Dieser Sau an der Kassa zeigst du's! Deine Augen schauen sich um – du analysierst die anderen Menschen, die auch in der Schlange warten müssen. Sie wollen sicher auch täglich zwei Minuten mehr haben. Du bist nicht allein. Scharf saugst du die Luft tief in deine Lungenflügel ein. Prall wie ein Ballon. Wie die Hindenburg, kurz vor der Explosion. Du machst dich bereit für den Kampfschrei, auf den alle nur gewartet haben! Alle werden dich lieben! Du bist die Queen! Du bist der König der Welt!

»ZWEEEEEEEEEEEEITEEEEEEEEE KAAAAAAASSAAAA BITTEEEEEEE!«

Still, wie nach einer Schlacht. Alle schweigen und schauen dich an.

Du hast es geschafft! Du bist ein Macher. Ein Champion! Danach wird die Stille meistens von einem grantigen »Ja, die Kollegin kommt gleich« oder »Einen Moment bitte, Sie sehen ja, wie viel gerade los ist!« unterbrochen. Ein Knopf wird gedrückt. Durch den ganzen Supermarkt hallen die Worte »Kassa zwei wird jeden Moment geöffnet«. Für dich hört es sich aber nach einem triumphierenden Engelsgesang an. Du gehst zufrieden und voller Stolz auf den Schultern zu der leeren Kassa daneben. Du hast gewonnen, du bist ein Held! Eine Heldin, die nur fünf Minuten warten muss, bis der gerade gerufene Kassierer überhaupt eingetroffen ist und anfangen kann, dich abzukassieren. Aber das ist dir egal. Denn du hast es allen gezeigt. Nun wartest du, weil du dich dafür entschieden hast zu warten, und nicht, weil die anderen es dir vorschreiben!

Kann mir bitte irgendjemand, der das Buch gerade liest, sagen, in welchen anderen Berufen es völlig normalisiert wurde, von wildfremden Personen in der Öffentlichkeit angeschrien zu werden, dass man gefälligst schneller arbeiten soll? Stell dir einfach vor, du sitzt gerade an deinem Schreibtisch und irgendeine random Person stellt sich vor dich hin und schreit vor versammeltem Team, dass du schneller die Zahlen von einer Excel-Tabelle in die andere schieben sollst. Sag das lieber keinem Sozi. Das geht bekanntlich nach hinten los. #BablerVSDoskozil. Jetzt kann man sagen, Gabriel, du vergleichst gerade Äpfel mit Birnen. Büro ist nicht gleich Supermarktkassa. Gut, dann stellen wir uns vor, du gehst am Sonntag zum Bäcker, um dir und deinem One-Night-Stand Croissants und Brot zu holen.

Du kommst in die Bäckerei und siehst eine lange Schlange. Was machst du?

A: Laut nach der zweiten Kassa brüllen.

B: Rufen, dass Sauerteigbrot ein völlig überteuertes Wasser-Mehl-Gemisch ist und die Aufbackweckerl aus dem Supermarkt für deinen One-Night-Stand ausreichen, und verärgert wieder gehen.

C: Du stellst dich in die Schlange und wartest, bis du dran bist.

D: Du fragst die Personen vor dir, ob sie dich vorlassen könnten, weil du es eilig hast und ein eventueller Morgenkoitus auf dich wartet.

Hmm … schwierig, schwierig, schwierig.

Richtig! Die richtige Antwort lautet C: Du stellst dich in die Schlange und wartest, bis du dran bist. Erst dann wird B richtig. Du rufst zusätzlich, dass Sauerteigbrot ein völlig überteuertes Wasser-Mehl-Gemisch ist und die Aufbackweckerl aus dem Supermarkt für deinen One-Night-Stand völlig ausreichen und gehst. Hoffentlich wird dann auch der letzte Teil der Antwortmöglichkeit D grün aufleuchten. Aber nein zu A – laut nach der zweiten Kassa rufen. »Zweite Kassa« zu schreien, suggeriert einfach und allein, dass du unzufrieden mit der Geschwindigkeit der arbeitenden Person bist. Niemals würdest du laut herumbrüllen, dass die Bäckereifachverkäuferin schneller das Nussbrot und die zwei Kipferl einsackerln soll. »Zweite Kassa« durch den Supermarkt zu brüllen, ist nicht, so wie du vielleicht glaubst, ein nettes Feedback-Gespräch. »Du machst ja eigentlich alles super, nur würdest du bitte statt achtzig Produkten pro Minute 150 über die Kassa ziehen!«

Da steckt kein Funken an sozialer Freundlichkeit dahinter, sondern nur asoziales Lauffeuer, das sich zu schnell in unserer Gesellschaft ausgebreitet hat. Aus diesem Grund hat es sich auch in Österreich normalisiert, fremde Personen laut in der Öffentlichkeit anzubrüllen. Das hört ein kleines Kind neben dir und denkt sich, leiwand oida, der zeigt es euch allen! Das kleine Kind hört es und hört es. Immer und immer wieder. Bis das kleine Kind denkt, es ist ganz normal, anderen Menschen zuzurufen, sie sollen schneller arbeiten. Das kleine Kind hat nur darauf gewartet, endlich erwachsen und unzufrieden zu sein. Und kommt mir jetzt nicht mit dieser billigen Ausrede von Stress. «Ich hab es ja so Eilig" – Bullshit! Dann teile dir deine Zeit besser ein. Für deinen Stress und jegliche Unfähigkeit des eigenen Zeitmanagements kann wirklich niemand etwas. Vor allem nicht das unterbezahlte und überarbeitete Supermarkt-Personal, das auch in den Corona-Lockdowns deinen überteuerten Haferdrink und das lebensnotwendige vierlagige Klopapier nachgeschlichtet hat.

Genieße lieber diesen Stillstand. Diese paar Minuten, die du auch mit dir selbst, deinen Gedanken und Gefühlen, verbringen könntest. Oder schau einfach wie ein depperter Zombie in dein Smartphone und halt die Gosch'n – anstatt wie ich, als Wiener völlig normalisiert, durch den ganzen Supermarkt »Zweite Kassa!« zu brüllen.

Moment mal! War ich das kleine Kind?

Und? Würdest du noch immer nach einer zweiten Kassa rufen?

Heiße
Saunabesuche

Nacktes Fleisch blitzt durch die Dampfschwaden. Die überschwänglich zur Schau gestellte Nacktheit macht mich klaustrophobisch. Hintern reiben an meiner Wange, Brustwarzen pressen sich in meine Ohren, Schamhaare kitzeln mich in den Nasenlöchern, ein Penis sticht mir ins Auge.

Ich kann nirgendwo anders hinschauen als zur Decke – zu dem Gott, mit dem sie hier in Österreich alle noch reden. Still frage ich ihn, ob er stolz auf uns ist, wie wir hier alle auf engstem Raum zusammengepfercht sitzen und schwitzen – im einzig wahren Zustand, in dem er uns einst schuf.

Ich denke zurück an meinen allerersten Saunabesuch. Der fühlte sich an wie damals, als ich meine Jungfräulichkeit verlor:

Alles war mir schrecklich peinlich.
Ich wusste nicht wohin mit meinen Händen.
Und ich murmelte die Namen toter
Verwandter vor mich hin, um einen kühlen
Kopf zu bewahren.

Das lag aber nicht daran, dass das österreichische Volk außergewöhnlich schön ist und alle ihre Blicke untertänig abwenden müssen, wenn die wackelnden Körperteile mal an die frische Luft dürfen. Oder im Gegenteil – dass die Österreicherinnen und Österreicher von so grotesker Erscheinung sind, dass man ihnen gesetzlich verbieten sollte, außerhalb der eigenen vier Wände ihre Kleidung abzulegen.

Ich war einfach schockiert, weil ich aus einem Land komme, in dem Nacktheit in der Öffentlichkeit ein großes Tabu ist. In Australien haben wir kaum Platz für Nacktheit. Wir teilen sie eigentlich nur mit jenen, mit denen wir intim sind. Ich kann zum Beispiel mit Sicherheit sagen, dass nicht einmal mein Bruder jemals meinen nackten Hintern zu Gesicht bekommen hat.

Ich höre dich schon fragen: »Okay, Jake, aber wie war das jetzt mit deinem ersten Saunabesuch? Rück doch mal raus mit den nackten Tatsachen, ich hab das Buch ja hoffentlich nicht umsonst gekauft!«

Mach dich bereit. Mein erstes Mal mit nackten Fremden in einem Raum war ein ziemliches Erlebnis. (Hier stellst du dir jetzt Flashback-Soundeffekte vor und wie das Bild langsam verschwimmt.)

Ich war ein unschuldiger Australier von 21 Jahren. Der Schauplatz war unaufgeregt: eine Bar voller Menschen, die an Kaffees und Drinks nippten. Ich mittendrin an einem Tischchen. Zwei Meter von mir entfernt eine Gruppe Männer auf Barhockern, die Märzen schlürften und sich in einem undeutlichen österreichischen Dialekt unterhielten.

Als sich einer dieser Männer zum Tresen vorbeugte, um sich einige gesalzene Nüsse in die Hand zu schaufeln, zwinkerte mir auf Augenhöhe plötzlich etwas zu.

Es war seine leicht geöffnete Arschritze.

Als würde ich aus einer Trance erwachen, wurde es mir schlagartig klar: In diesem Raum waren wirklich ALLE nackt. Vor meinem inneren Ohr konnte ich auch sofort das Klettverschluss-Geräusch hören, das die schlaffen Hoden dieses Mannes machen würden, wenn sie sich von der ledernen Sitzfläche ablösten. (Schön, dass du dieses audiovisuelle Gustostückerl gerade mit mir teilst.)

Fakt war: Jahrzehntelange puritanische Sozialisierung in Australien hatte mein eigenes Feigenblattverhalten auf die Spitze getrieben. Ich drehte mich taumelig zu meiner österreichischen Freundin um, um sie vor dem Anblick zu warnen, bevor sie ihr Augenlicht verlöre. Aber als ich schon zum ersten Wort ansetzen wollte, bemerkte ich, dass auch sie nackt war. Oh!

»Und jetzt?«, sagte sie und starrte auf meine Shorts. »Was ist los? Runter mit der Badehose!«

»Aber, aber, aber«, stotterte ich. Protestierte. Versuchte nach einem halbwegs zurechnungsfähigen Erwachsenen zu schreien. Aber sie ließ es nicht zu.

Da war ich nun. Niemand hatte mir die strenge Nacktheitspolitik der österreichischen Saunakultur erklärt. Am liebsten wollte ich zum nächsten Ausgang rennen. Und doch nahm ich all meinen Mut zusammen, ließ zitternd meine Shorts zu Boden gleiten – und fand es insgeheim etwas unbefriedigend, dass gerade niemand wertschätzte, was für ein revolutionärer Augenblick das für mich war.

Wellness-Retreats und Saunen spielen hier eine wichtige Rolle. Auch das Nacktsein in der Öffentlichkeit gehört dazu. So ist es für mich nach vielen Jahren des österreichischen Alltags bis heute ein riesiges Spektakel, wenn ich an einen Ort komme, an dem Nacktheit in der Öffentlichkeit ... normal ist.

Einmal, in einem vergangenen Sommer, war ich mit einem guten Freund in der Lobau wandern. Wir setzten unbedarft einen Schritt vor den anderen, als da plötzlich ein Penis auftauchte.

Ein großer, schlaksiger Penis kam an uns vorbeigesprungen, mit einem Mann mittleren Alters im Schlepptau.

Als er uns mit einem österreichischen »Grüß Gott« beehrte, sah sein Pimmel aus wie eine seltene Alpenschlange, die auf einem Trampolin auf und ab hüpfte und »wheeee« rief.

Grüß welchen Gott auch immer, Kumpel. Aber deine Fleischpeitsche hat ein Eigenleben, das du mal professionell untersuchen lassen solltest.

Wenig überraschend stolperten wir kurz danach mitten in eine FKK-Badestelle hinein.

Wir fanden uns in einem Barock-Gemälde wieder. Überall saßen, standen und spazierten mehr oder weniger voluminöse Menschen, ohne auch nur ein Stück Textil zwischen sich und die Sonne zu lassen. Einige lümmelten in Strandkörben, andere lasen Bücher, und eine Gruppe braungebrannter Silberrücken saß mit braungebrannten Hinterteilen an einem hölzernen Tisch, spielte Karten und trank aus Dosen Ottakringer Bier. (Letzteres hätte sich Rubens wahrscheinlich nicht ausdenken können.)

Um ähnlich viel Ästhetik zu erleben, kannst du entweder aufs Geratewohl durch die Lobau stapfen. Oder du gehst in die Sauna, um dem »Tanz des Saunameisters« beizuwohnen.

Als ich ihn zum ersten Mal sah, war ich verzaubert. Der ältere Mann tanzte, drehte und wirbelte herum wie ein Derwisch, und währenddessen bewegte sich sein kleiner Penis auf dieselbe Weise. Der Mann schwang das Handtuch durch die Luft und tanzte mit seinem Penis, als wären sie eins. (Na ja. Du weißt, was ich meine.)

Immer wieder schlug er sein Handtuch in die heiße Luft, stieß sie in Richtung der seufzenden Menschenmenge und ließ seinen Penis jedes Mal heftig gegen die Innenseiten seiner Oberschenkel klatschen.

Inzwischen klatschte auch ich ihm zu und mit seinem kleinen Freund im Takt. Ich war ehrlich erstaunt über seine Ausdauer. In seinem Alter und bei solch hohen Temperaturen war das eine respektable Leistung.

Fast erwartete ich am Ende eine Verbeugung – erst vom Pimmel, dann vom Saunameister.

Etwas unsicher war ich ob der Witzbolde, die gern im Entertainment-Windschatten des Saunameisters mitsegelten und nach dessen Auftritt mit den altbewährten Schenkelklopfern noch etwas Stand-up versuchten.

Du kennst diese Typen garantiert. Die Witze sind etwas anzüglich, vielleicht misogyn oder sogar rassistisch. Das Ding war nur: Ich verstand damals absolut keinen österreichischen Dialekt. Also lachte ich einfach, wenn alle anderen lachten. Man hätte sich in Länge mal Breite über meinen abnormal stark behaarten Körper lustig machen können – ich hätte trotzdem gelacht. Denn ich war jetzt Teil eines Stamms, einer Sekte, eines Rudels nackter Fremder, die sich in einem kleinen Raum zusammengefunden hatten, um zu lachen, zu schwitzen und gelegentlich einen Blick auf die hervorstehenden Körpermerkmale der anderen zu werfen. Wir hatten alle nur ein Ziel: zu schwitzen. Auf komplett asexuelle Weise.

Und das fühlte sich herrlich befreiend an.

Danke, dass du mich und meinen Körper befreit hast, Österreich. Die Normalisierung des Nacktseins in der Öffentlichkeit ist eines der besten Dinge, die du mir geschenkt hast.

Das und die Erfahrung, dass sich erwachsene Menschen vor einem Dampfbad mit Joghurt einreiben, alle dazugehörigen Quietschgeräusche inklusive.

Wer Österreich intim erleben will, kommt am Dampf nicht vorbei.

Flagge zeigen und Nationalstolz

Ich werde nie vergessen, als ich in Spanien auf einem Floh-markt war. Nach etlichen Standlern stand ich plötzlich vor einem großen Tuch, das weit ausgebreitet auf dem Boden lag. Darauf befanden sich Hakenkreuze. Hakenkreuze auf Tas-sen, Hakenkreuze auf Messern, Hakenkreuze auf Emblemen, Jacken, Taschen und Bildern. Es hätten noch weiße Haken-kreuz-Unterhosen mit gestickten Hitlerbärtchen darauf ge-fehlt. Kurz dachte ich, der Krieg sei anders ausgegangen. Aber nein, in Spanien ist Wiederbetätigung nur so semi illegal. Das Zeigen von faschistischen Symbolen an sich wird toleriert, verboten ist es nur, wenn damit auch ein Aufruf zu Gewalt, Hass oder Diskriminierung einhergeht. Das kommt mir jetzt wirklich etwas spanisch vor! No entiendo! Ich war wie in ei-ner Schockstarre. Das waren Hakenkreuze. Für mich illegaler Bullshit, mit dem ich nichts zu tun haben möchte. In Öster-reich ist es zum Glück sogar illegal, nur abzustreiten und zu leugnen, was die Nazis alles verbrochen haben. Am Flohmarkt waren nur total interessierte Spanier, die sich spaßeshalber die Hakenkreuze an die Brust steckten und mit zwei Fingern eine sehr schlechte Adolfo-Hitleros-Imitation vollzogen. Ein völlig anderer Umgang mit der Vergangenheit. Sie machten sich lustig darüber. Lachten. Zogen es durch den Dreck. Nah-men damit dem Symbol die Kraft. Ich hingegen sah nur alte, böse Metallgegenstände, an denen das Blut von Millionen Menschen klebte. Was ist richtig? Was ist falsch? Wie geht man mit den vergangenen Schandtaten seines Landes um?

In anderen Ländern ist es völlig normal, die Flagge seines Landes aus dem Fenster zu hängen. Schaut man nach Barcelona, sieht man fast bei jedem Haus, ob ein höherer Anteil von »Viva España« oder »Viva Catalunya« dort wohnt. Seitdem ich denken kann, habe ich ein komisches Gefühl, mich mit der Österreich-Flagge zu zeigen. Grundsätzlich habe ich ja nichts gegen die Farben rot und weiß. Ketchup-Mayo geht immer. So schiach sind die Farben nicht. Schiach ist nur das Gefühl, das es in mir auslöst. Maximal als Kind zu Fußballveranstaltungen habe ich mir diese Farbkombination ins Gesicht geschmiert und irgendwelche Lieder gesungen. »I am from Austria« von Rainhard Fendrich löst in mir auch mäßig Gefühle aus. Niemals würde ich in meinem Leben eine Österreich-Flagge aus dem Fenster hängen. Vorher springe ich hinaus.

Wenn du in Österreich die Flagge aus dem Fenster hängst, bist du für viele Menschen mal grundsätzlich ein Nazi.

In meinem Freundeskreis würde ich mich schämen, wenn die mich mit der Flagge oder einem Österreich-T-Shirt sehen. Aber wie ist das mit dem Nationalstolz? Bin ich stolz auf mein Land? Kann man überhaupt stolz auf etwas sein, für das man eigentlich gar nichts getan hat? Das ist doch reiner Zufall. Glück. Kismet. Ich bin in Österreich geboren, dafür habe ich aber nichts gemacht. Noch dazu bin ich weiß, heterosexuell, männlich und Mitteleuropäer. Jackpot. Bessere Startkarten fürs Leben kann man doch gar nicht haben. Gut, vielleicht noch als weißer Cis-Australier. Die mag wirklich jeder. Diese Startkarten sind so, als würde ich bei DKT[12] direkt mit einem Hotel auf der Kärntnerstraße starten.

Klar ist: Ich liebe Österreich, ich liebe Wien und meine Heimat und scheue auch nicht davor zurück, stolz zu sagen, aus Österreich zu kommen. Aber allein diesen Satz zu schreiben, löst in mir eine tiefe Unruhe aus. Vielleicht sind »Stolz« und »Liebe« auch nicht die richtigen Wörter, um das zu beschreiben. Darf ich als Österreicher überhaupt stolz auf mein Land sein? Darf ich Österreich lieben, ohne gleich ins rechte Eck gedrückt zu werden? Davor habe ich Angst. Wenn Jacob als Australier sagt, er liebt Österreich, hat es gleich eine ganz andere Wirkung, als wenn ich es als Österreicher sage. Ich bin überhaupt nicht stolz auf die Vergangenheit dieses Landes. Ich liebe Österreich auch nicht so, wie ich meine Eltern oder ein Schinkensemmerl mit Essiggurkerl und Kren liebe. Ich bin aber gern Österreicher. Ich mag die Kultur, das Essen, die Berge und die Gemütlichkeit. Es ist ehrlich gesagt auch einfach bequem, aus Österreich zu sein. Ich wäre aber der Erste, der sein Land verlassen würde, wenn ein Krieg ausbricht. Dafür liebe ich das Leben zu sehr.

Also, was ist Nationalstolz dann? »Immer wieder Österreich« herumzuschreien? Denke ich nicht. Versteht mich

---

[12] DKT: österreichische Version von Monopoly

nicht falsch, ich fühle mich auch zu Austropop hingezogen. S.T.S., Ambros, Danzer und auch Fendrich höre ich gern, daran liegt es nicht. Im Ausland wurde ich schon öfters als Nazi bezeichnet, nur weil ich Deutsch spreche. Einmal hat mich auch eine Spanierin, während wir Sex hatten, gefragt, ob ich wie ein Nazi sprechen könne. Ich habe sofort den totalen Krieg ausgerufen. Wahrscheinlich hätte es aber gereicht, wenn ich auf Deutsch gesagt hätte, dass ich Kaiserschmarrn mit Rosinen und Apfelkompott liebe. Vielleicht kommt meine absolute Unruhe aber auch von etwas anderem. Vielleicht liegt es daran, dass unser wunderschönes Land noch immer so große braune Schandflecken auf der ganzen Landkarte verteilt hat und lieber versucht, sie unter den Teppich zu kehren, anstatt den ganzen Teppichladen abzufackeln. Vielleicht aber auch, weil ich selbst Angst habe, mich mit meiner österreichischen Identität auseinanderzusetzen. Wir alle hatten damals Nazis in der Familie. Dafür kann ich aber nichts. Gern würde ich sagen: Meine Familie war im Widerstand. Aber das geht sich nicht aus. Oft stelle ich mir die Frage, wie lange man für die Taten seiner Vorfahren büßen muss. Wie lange muss ich die Schuld unseres Landes noch auf meinen Wiener-Bobo-Chai-Latte-Ich-fahre-lieber-Fahrrad-als-Panzer-Schultern tragen?

Der einzige Nationalstolz, den ich besitze, ist ein Vintage Puch-Rennrad. Made in Austria.

Doch wie sollen wir nun mit dieser Situation umgehen? Ich für meinen Teil fühle mich mit unserer Geschichte als Österreicher dazu verpflichtet, ganz besonders darauf zu achten, jede Person gleich zu behandeln. Völlig egal, woher sie kommt, welche Sexualität und welches Geschlecht sie hat, an welche Religion sie glaubt und welche Hautfarbe sie hat. Außer Deutsche. Die darf man manchmal ärgern.

Die guten und die schlechten Ausländer ... ah, und die Deutschen

Immer wieder höre ich, Österreich sei rassistisch. Ich glaube, es ist komplexer als das. Allerdings würde ich bei vielen Menschen in diesem Land Fremdenfeindlichkeit diagnostizieren. Das ist der schicke Fachausdruck dafür, Abneigung gegen Menschen aus dem Ausland zu empfinden.

Außer natürlich es geht um Deutsche. Denn beim gemeinen »Piefke« sind Herr und Frau Österreicher regelrecht brachial rassistisch.

In Österreich wird fein unterschieden zwischen guten und schlechten Ausländerinnen und Ausländern.

Ich weiß das aus eigener Erfahrung. Denn jedes Mal, wenn meine Partnerin und ich neue Menschen kennenlernen, kommt irgendwann diese eine unausweichliche Frage auf: »Sagt mal, woher kommt ihr eigentlich?«

»Australien«, antworte ich selbstbewusst und in froher Erwartung all der netten Dinge, die gleich auf mich niederprasseln werden wie ein warmer Sommerregen. All die positiven Vorurteile, die Australien in jahrzehntelanger Selbstvermarktung global gesät hat, brechen hervor in 3 … 2 … 1 …

»Oooh, Australien! Ich habe einen Onkel, der in Sydney lebt!«

»Wow! Könnt ihr von eurer Terrasse aus Kängurus sehen?«

»Hahaha, lass uns ein Shrimpie auf den Barbie schmeißen, was Alter?«

»Wo hast du in deinem Haus schon überall Spinnen und Schlangen gefunden? O Gott, ich könnte das nicht!« Und dann sehen sie dich an wie einen Kriegsveteranen, der die animalischen Gefahren von Down Under gerade so überlebt hat.

Andere schwelgen in eigenen Erinnerungen an ihre Rucksacktour an der Ostküste Australiens (bei den Ösis außerordentlich beliebt): »Die Strände! Sydney! Haie! Diese wunderschönen Strände! Byron Bay! Die Whitsundays! Und hab ich schon die Strände erwähnt? O mein Gott, die Strände!«

Und kurz nachdem die Plattitüden verebbt sind, sehe ich in ratlose Gesichter: »Moment mal. Warum lebst du eigentlich in Österreich, wenn du gerade in Australien sein könntest?«

Es ist ein wunderbares Gefühl, der Exot in diesen Runden zu sein. Ich sauge dieses Gefühl jeweils auf wie ein notgeiler Schwamm.

Denn Australien macht mich standardmäßig in jedem sozialen Umfeld beliebt. Und ich melke diese Kuh, so lange es geht. Ich weiß ja bereits, was danach passieren wird:

Auch meine Partnerin Carla beantwortet die Frage nach der Herkunft.

Wo ich gerade den freudigen Labrador mit wedelndem Schwanz gespielt habe, geht Carla an diese Frage heran, als wäre sie giftig. Aus gutem Grund.

»Rumänien«, sagt sie.

Das Wort kracht mit einem dumpfen Schlag auf den Zimmerboden. Und die Atmosphäre im Raum verändert sich, als hätte Carla gerade gestanden, dass sie auf Natursektspiele[13] steht.

Menschen aus Osteuropa machen schon längst einen großen Teil der zugewanderten österreichischen Bevölkerung aus. Man sollte also meinen, dass diese Art von negativer Reaktion nur bei älteren Generationen zu finden ist. (Wegen der überholten, oft aus Angst und Unwissenheit entstandenen fremdenfeindlichen Einstellung.)

Aber leider ist dem nicht so.

Dabei war Transsylvanien, wo Carla herkommt, sogar einmal Teil des österreichisch-ungarischen Reiches. Dennoch werden Menschen aus Rumänien und generell Osteuropa in Österreich immer noch als Fremde und Wirtschaftsflüchtlinge wahrgenommen. Fremde, die nur hier sind, um unsere Ehepartner zu verführen, unsere Arbeitsplätze wegzunehmen und unsere Schnitzel wegzuessen.

Lustigerweise werden die vielen österreichischen Unternehmen, die in Rumänien tätig sind und von den reichlich vorhandenen Rohstoffen profitieren, nicht als Fremde und Wirtschaftsflüchtlinge behandelt. Schon spannend, wie die vereinte EU nicht alles mit denselben Maßen misst.

Carla hat mir mal erzählt, dass sie mit unseren Kindern nur sehr ungern Rumänisch spricht, wenn sie in der Öffentlichkeit unterwegs sind. Aus Scham und Angst, als Rumänin er-

---

[13] Natursektspiele: das Urinieren auf andere Personen zum sexuellen Lustgewinn. Aber das wusstest du schon längst, oder?

kannt zu werden. Stattdessen spricht sie mit ihnen lieber in dem fließenden Deutsch, das sie seit dem Kindergartenalter beherrscht.

Zwar wurde Carla von den Menschen um sich herum nicht direkt beschämt. Aber dieses elende Gefühl hat sich bei ihr auch nicht plötzlich wie von Zauberhand manifestiert. Diese Scham wurde über Jahrzehnte hinweg durch Stereotype und Stigmata ausgelöst, die an der rumänischen Bevölkerung kleben wie rassistischer Kaugummi.

Rumänien ist damit nicht allein. Tatsächlich ist Rumänien aus der Sicht vieler Österreicherinnen und Österreicher nicht einmal ein souveränes Land mit einer eigenen, einzigartigen Kultur, Tradition und Geschichte. Für viele ist es einfach Osteuropa.

Serbien, Ungarn, Rumänien und Bosnien-Herzegowina schnallen wir hier alle mit Tixo zusammen, kleben das Siegel »Jugos« drauf und gut ist es. Viele Menschen in Österreich denken nicht an diese Länder, wenn sie an Europa denken.

An ihrem Arbeitsplatz hatte Carla einmal eine Diskussion mit einer echten Karen[14]. Diese Karen erzählte ihr, dass sie über ein langes Wochenende verreisen wolle und nach Flügen suche. Sie war frustriert, weil sie das Gefühl hatte, schon in allen europäischen Städten gewesen zu sein, die sich für ei-

---

[14] »Karen«: Eine unausstehliche, wütende, selbstgerechte und oft rassistische weiße Frau mittleren Alters. Der Begriff kommt aus der US-amerikanischen Meme-Kultur.

nen Wochenend-Städtetrip eigneten. Sie wusste nicht, wohin sie fahren sollte.

Carla antwortete: »Du warst noch nicht in Bukarest! Das ist ein toller Wochenend-Städtetrip.«

Karen unterbrach sie: »Ähm, nein Carla, wenn ich sage, dass ich schon überall in Europa gewesen bin, meine ich damit Städte wie Barcelona, Paris und London.«

Carla antwortete: »Aah, das andere Europa. Nicht Osteuropa, das auch zu Europa gehört?«

Nennen wir das Kind beim Namen: Viele Österreicherinnen und Österreicher nehmen beim Wort »Rumänien« sofort die mentale Abkürzung in Richtung Roma, Sinti, Diebesbanden und vielleicht noch Graf Dracula.

Die Ironie der Situation ist: Rumänien beherbergt eine enorm vielfältige Kultur und faszinierende Menschen. Nur wird danach nie gefragt.

Genauso ironisch ist der Vergleich zwischen Carla und mir, wenn es um die Integration geht: Carla spricht fließend Deutsch. Ich arbeite daran. Carla hat ein großes österreichisches Netzwerk aus Geschäftsbeziehungen und Freundschaften. Meines ist überschaubar. Sie ist viel besser integriert als ich. Und doch bin ich derjenige, der vom österreichischen Volk mit weit ausgebreiteten Armen willkommen geheißen wird. Immer und immer wieder.

Was mir auch immer wieder sauer aufstößt: Ich werde sogar stärker akzeptiert als viele Menschen, die in Österreich geboren sind, aber nicht unbedingt wie »der original österreichische Menschentyp« aussehen. Diese Personen kennen die Folgefrage »Okay, aber wo kommst du WIRKLICH her?« nur zu gut.

Das gilt auch für die österreichische Bevölkerungsgruppe mit türkischen Wurzeln. Für mich sind auch diese Menschen ein unverzichtbarer Teil des großen Ganzen. Manche besitzen in Österreich florierende Unternehmen, arbeiten in hochbezahlten Positionen, sind in glücklichen Beziehungen mit Einheimischen, leben schon seit Jahrzehnten und Generationen im Land.

Aber trotzdem sind sie aus der Sicht vieler Menschen nur Außenseiter. Das zeigt sich auch in den Medien: Obwohl die türkische Bevölkerung Österreichs viel zum Charakter des Landes, insbesondere Wiens, beiträgt, sieht man Menschen mit türkischem Hintergrund nur selten in den Medien vertreten.

Und wenn, dann in einer süßen kleinen Kulturdokumentation, die irgendein Spektakel aus der Türkei zeigt. Erzählt von einem alten, weißen Mann. Und mit so »faszinierenden« Fakten bestreut, wie dass die Aussage »mit alles und scharf« jetzt auch Teil des österreichischen Vokabulars sei. Stereotype, die über andere Stereotype sprechen.

Österreich hat aber auch Schubladen im Kopf, wenn es um die eigene Kultur geht. Fällt das Thema in Wien beispielsweise auf den 10. Bezirk, geht das Kopfkino sofort steil. Es fühlt sich dann an, als würde man über die Bronx in New York sprechen.

Einer der härtesten Typen, die ich kenne – ein volltätowierter Kärntner mit Irokesenschnitt – hat mir einmal lachend mitgeteilt, dass er den 10. Bezirk nur mit kugelsicherer Weste durchqueren würde. Hinter dem Lachen spiegelte sich echte Angst.

Ähnlich ist es, wenn jemand zu einer Österreicherin mit ägyptischen Wurzeln sagt, ihr Vorname höre sich seltsam an. Im Ernst? Wir nennen unsere Kinder hier »Helmut« und »Gertrude« und zeigen trotzdem auf die häufigsten und poetischsten Namen anderer Kulturkreise, um sie auszulachen? Würde ein selbstbewusster Umgang mit der eigenen Kultur nicht genau anders aussehen?

Gut, wenn du auf dem Land aufgewachsen bist, umringt von reinrassigen österreichischen Blutlinien, und dein ganzes Leben nur *ORF2* geschaut hast, kann ich eine gewisse Skepsis den »Zugezogenen« gegenüber voll verstehen. Diese Nachsicht kann ich aber nur all jenen zugestehen, die vor 1950 geboren wurden.

Was unterscheidet in Österreich denn nun die guten von den schlechten Zugezogenen?

Gute Zugezogene sind alle, die in einem englischsprachigen Land geboren wurden. Französisch- und spanischsprachig ist okay, wenn wir auf dem europäischen Festland bleiben. Und alles, was nördlich von Deutschland liegt. Deutschland natürlich explizit ausgenommen. (Und die Schweiz ist sowieso wie Österreich, nur mit noch witzigerem Dialekt.)

Schlechte Zugezogene sind alle, die aus einem osteuropäischen, ex-jugoslawischen oder nahöstlichen Land stammen. Einen Dialekt mit vielen Kehllauten sprechen. Oder eine Hautfarbe dunkler als Extrawurst haben.

Dann wären da noch die Deutschen. Die besetzen ihre ganz eigene Kategorie.

Doch wie unterscheidet sich das Leben für diese beiden Gruppen ausländischer Mitmenschen? Hier im Vergleich, was diese Menschen in denselben Situationen zu hören bekommen:

Gute Fremde: »Oh, du sprichst kein Deutsch? Ach, mach dir nichts draus. Es ist eine sehr schwierige Sprache und du versuchst es wenigstens! Du hast so einen coolen Akzent!«

Schlechte Fremde: »Du sprichst kein Deutsch?! Aber du lebst doch in Österreich! Die Sprache hier ist Deutsch! Wie soll ich dich verstehen, wenn du kein Deutsch kannst! Es ist mir egal, ob du Englisch sprichst – hier in Österreich sprechen wir Deutsch. Was? Ich soll für dich schöner nach der Schrift sprechen, damit du mich verstehen kannst und vielleicht noch etwas lernst? Bitte, wir sind hier in Österreich. Hier sprechen wir Deutsch mit Dialekt!«

Gute Fremde, die sich um eine Wohnung bewerben: »Hier bitte, die Schlüssel. Bitte halten Sie das Treppenhaus frei von Gegenständen. Viel Freude in Ihrer Wohnung!«

Schlechte Fremde, die sich um eine Wohnung bewerben: »Ooh, nächste Woche schon einziehen? Nein Meister, es gibt viele Leute, die sich diese Wohnung ansehen. Wir werden uns bei Ihnen melden, wenn Sie ausgewählt wurden.«
Erzählstimme: »Die Maklerfirma meldete sich nie wieder bei den schlechten Fremden.«

Gute Fremde beim Spaziergang auf der Prater Hauptallee in Wien:
Erzählstimme: »Gute Fremde können die Pracht dieses schönen Fleckchens Erde ganz in Ruhe genießen.«

Schlechte Fremde beim Spaziergang auf der Prater Hauptallee in Wien:
Erzählstimme: »Schlechte Fremde werden nach wenigen Minuten von der Polizei angehalten und nach Ausweispapieren gefragt. Es sei verdächtig, dass solche Menschen einfach diesen schönen Boulevard entlangspazieren.«

Ich habe alle drei Beispiele genau so erlebt.

Gleichzeitig will ich ganz offen und ehrlich sein: Diese Ungerechtigkeit gibt es. Und ich nutze den Status des »guten Ausländers« zu meinem Vorteil.

Wenn ich von der Polizei dabei erwischt werde, wie ich die Straße bei Rot überquere, zeige ich ihnen meinen australischen Führerschein – garantiert nicht den österreichischen, den ich genauso besitze.

Ich spiele also den Joker aus, den des unwissenden australischen Bushboys mit dem charmanten Grinsen. Man erklärt mir dann freundlich, dass das, was ich gerade getan habe, in Österreich gegen das Gesetz verstößt.

Das hört sich jetzt vielleicht anders an, aber ich will mit diesen Geschichten nicht angeben. Vielmehr stelle ich bloß mich selbst und die anderen »guten Fremden« vor – zum Wohle der »schlechten Fremden«.

Ich glaube fest daran, dass alle Ausländerinnen und Ausländer in Österreich gleichbehandelt werden sollten. Oder noch besser: Wir sollten uns alle einfach wie lebende, atmende Menschen behandeln, die Träume, Wünsche, Ängste und Sehnsüchte haben. Scheißegal, wo wir geboren wurden.

Mehr über die umstrittenste Gruppe der Zugewanderten – die Deutschen – lernst du in Gabriels Kapitel »I am not a German«.

I am not
a German!

A Sackerl a no? Wer in Österreich an der Kassa nach einer »Tüte« fragt, macht sich nicht wirklich beliebt und outet sich auch direkt als Deutscher. Hier heißt es »Sackerl«. Wenn ich in Deutschland aber nach einem Sackerl frage, werde ich automatisch angelächelt und einfach als süßer Ösi abgestempelt. Ich kann allerdings verstehen, warum man sich auf die Frage »A Sackerl a no?« kurz unsicher ist, ob man noch in einem deutschsprachigen Land ist. Es könnte genauso gut eine exotische Sprache, Abschiedsfloskel oder Bestellung sein. Es ist aber nur die österreichische Frage, ob man noch eine Tüte zum Einkauf dazu haben möchte.

Die Beziehung zwischen Deutschland und Österreich ist schwierig und komplex. Deutlich gescheitere Menschen als ich haben sich diesem Thema schon gewidmet und versucht, Nägel mit Köpfen zu machen. Ziemlich sicher haben sie auch nicht die Phrase »Nägel mit Köpfen« verwendet. Ich versuche es trotzdem mal aus meiner Sicht! Für mich war Deutschland immer sehr nahe und sympathisch. Und wir haben schon die ersten österreichischen Leserinnen und Leser verloren. Die Beziehung ist nämlich eine absolute Hassliebe. Heute würde man »toxische Beziehung« dazu sagen. Früher: Drittes Reich. Als Fernsehen noch groß war und *Wetten, dass..?* oder *Schlag den Raab* die ganze Familie vor die Glotze zusammengetrommelt hat, habe ich die Deutschen lieben gelernt. Die meisten jüngeren Menschen konsumieren hier deutsche Medien. Es liegt einfach daran, dass sie coolere Sendungen, Formate und

Stars haben. Dort passiert mehr. Das gilt auch für Influencer, Musik oder YouTube-Shows. Gleich vorweg: Ich denke, dass diese Hassliebe zwischen Österreich und Deutschland nur einseitig ist. Also wirklich eine toxische Beziehung. Deutsche sind meistens lieb und nett zu Österreicherinnen und Österreichern. Noch nie in meinem Leben ist mir ein Deutscher deppert gekommen, nur weil ich aus Österreich bin. Es ist umgekehrt. Wir in Österreich sind die Arschlöcher. Wir haben ein Problem mit den Piefken. Wie Bayern den Rest von Deutschland abwertend als Preußen bezeichnet, macht es Österreich mit Piefken für Deutschland. Bayern ausgeschlossen, da sie sprachlich und kulturell starke Ähnlichkeiten zu Österreich haben. Manche würden sie fast Österreicher nennen. Jeder Bayer, der das liest, hat gerade vor lauter Zorn sein Weißbier verschüttet. Das Wort Piefke wurde über die Jahrzehnte immer gefestigter im österreichischen Sprachgebrauch und wird meist für Deutsche verwendet, die so richtig deutscheln. Also hoch und fein nach der Schrift sprechen.

Wenn es die hochdeutsche Sprache in österreichische Ohrwascheln schafft, löst es oft automatisch eine gewisse Grund-Aggression aus.

Von der bin ich auch manchmal betroffen. Man möchte sich sprachlich abgrenzen. Meine Oma und mein Opa haben immer zu mir gesagt: »Geh, Gabriel, jetzt red ned so deutsch, red g'scheit! Wir reden hier ned nach der Schrift!« Du wirst also immer wieder auf verschiedene Arten und Weisen daran erinnert, dass Deutsch und Österreichisch nicht die gleiche Sprache ist.

Platz eins der meisten ausländischen Staatsangehörigen in Österreich sind Deutsche. In Wien auf Platz drei nach Serbien und der Türkei. Deutsche werden aber nicht als Ausländer in Österreich gesehen, sondern einfach als Deutsche. Die abscheulich grässliche Phrase »Scheiß Ausländer« trifft den Platz eins wahrscheinlich am allerwenigsten. Dafür sind sie uns kulturell und sprachlich zu ähnlich. Zumindest auf Papier sprechen wir ja dieselbe Sprache. Sie sind eben einfach Deutsche. Deutsche werden aber auf jeden Fall in Österreich diskriminiert. Da hört die Freundschaft ganz schnell wieder auf. Diese Diskriminierung ist auch noch absolut alltagstauglich und praktisch überall sicht- und hörbar. Die wokesten Freundinnen und Freunde, die ich habe, machen bei Deutschen plötzlich Pause mit Political Correctness. Als hätten sie ihre Grundwerte ad hoc vergessen. Aussagen wie »typisch Deutsche« »scheiß Deitsche« oder »depperte Piefken« finden sich im täglichen Sprachgebrauch. Niemals würden sie diese Sätze bei einer anderen Nationalität durchgehen lassen. Außer vielleicht bei Franzosen und Amerikanern.

Die Beziehung zwischen Deutschland und Österreich ist historisch so tief miteinander verwurzelt, dass es wirklich schwer ist, immer einen Unterschied festzumachen. Ich lege meine Hand dafür ins Feuer, dass sich jemand aus Salzburg mehr mit jemandem aus München identifizieren kann, als mit jemandem aus Wien. Genauso eine Münchnerin mehr mit einer Salzburgerin als mit einer Berlinerin. Die Grenzen sind nahe und doch so weit. Deutschland und Österreich sind wie zwei ewig streitende Kinder von Mutter Erde. Große und kleine Schwestern, die ewig raufen, sich aber lieben und zusammenhalten werden. Österreich hat es geschafft, dass die ganze Welt denkt, Hitler sei Deutscher gewesen und Goethe Österreicher. Dafür hat sich Österreich nach der Niederlage im Ersten Weltkrieg deutlich verkleinert und Deutschland steht nach wie vor als riesiges Nachbarland daneben. Ich weiß nicht, ob diese tiefe Eifersucht in manchen patriotischen Idioten noch fest verankert ist. Wahrscheinlich schon. Mir ist es völlig egal. Ich finde es fantastisch, dieses große Land besuchen zu können, ohne die Sprache wechseln zu müssen. Ein Intensivkurs vor dem Urlaub weniger. Von klein auf wurde ich aber mit diesen Deutschen-Witzen und dieser Sichtweise auf Deutschland erzogen. Nicht von meinen Eltern, sondern von der österreichischen Gesellschaft. Die Sprache ist ähnlich, aber nicht gleich. Das Essen ist ähnlich, aber nicht gleich. Die Kultur ist ähnlich, aber nicht gleich. Für die meisten Deutschen sprechen wir in Österreich wahrscheinlich auch nur Wienerisch oder Österreichisch. Die meisten Deutschen denken wahrscheinlich, da gibt es die historischen Städte Wien und Salzburg mit leckeren Sachertorten und Mozartkugeln. Daneben viele Berge zum Wandern und Skifahren. Das war's. Mehr ist da nicht. Gut, irgendwie stimmt es ja auch wirklich.

Für Deutsche ist Österreich der süße kleine Nachbar, der einen niedlichen Dialekt spricht, den keiner versteht.

Diese alte Hassliebe hat es aber auch in die Köpfe der jüngeren Generationen geschafft. Schaut man an die Universitäten, wird schnell klar, warum. In meinem Studium waren beispielsweise in jedem Semester, in jeder Klasse, mindestens dreißig Prozent Deutsche. Immer. **Es gibt keine deutschen Flüchtlinge – nur NC-Flüchtlinge!** Deutsche haben den Numerus Clausus. Das heißt, wenn du studieren gehen möchtest, brauchst du meistens einen guten Notendurchschnitt. Dieser ist vor allem sehr wichtig in Fächern wie Medizin und Psychologie oder in technischen Lehrgängen. In Österreich gibt es sowas nicht. Es gibt Aufnahmeprüfungen. Wer viel lernt, kommt vielleicht durch. Außer man schmeißt sich auf eine private Universität und zahlt. Also lässt Mama oder Papa zahlen. Das bringt oft viel Missmut für österreichische Studierende, da viele Plätze von Deutschen besetzt werden, die nach dem Studium wieder nach Hause fahren.

Ein weiterer Punkt in der Hassliebe zwischen Deutschland und Österreich ist auch der Namensgeber des Kapitels. **I am**

not a German! Unzählige Male musste ich auf Reisen erklären, dass Austria nicht Germany ist. »Yes, we speak German, but we are no Germans. You know, Mozart or Schwarzenegger? Yes, Hitler was actually also Austrian.« Diese Unterhaltungen sind anfangs noch recht lustig, aber irgendwann nerven sie nur noch. Wahrscheinlich liegt es daran, dass man im Ausland dann erklären muss, wo die Unterschiede beider Länder liegen. Da wird einem schnell klar: Fuck, so anders sind wir ja gar nicht. Ich glaube, dieses Problem kennen Deutsche gar nicht und können es deshalb auch nicht wirklich nachvollziehen, warum Österreicherinnen und Österreicher manchmal mit einer leichten passiven Aggressivität ins Gespräch einsteigen. Ob schon mal eine Deutsche im Ausland für eine Österreicherin gehalten wurde? Eher unwahrscheinlich. Vielleicht ist es ein verzweifelter Schrei nach einer eigenen österreichischen Identität. Eine Identität, die auf der ganzen Welt klar gesehen wird.

Die Unterschiede beider Länder sind in der Tat nicht groß, aber da. In den folgenden drei Punkten habe ich mal die meiner Meinung nach größten Unterschiede aufgeführt:

Der Humor: Der Wiener Schmäh, österreichische Wuchterln und die kreative Art zu sprechen und sein Gegenüber nie ganz wissen zu lassen, ob es jetzt erst gemeint war oder nicht. Der österreichische Humor ist sehr trocken, kann schwarz sein und spielt mit sich selbst. Man nimmt sich nicht so ernst und schimpft gern über sich und andere. Glaubt es oder nicht, aber der Wiener Zentralfriedhof hat sein eigenes Merchandise. Feuerzeuge, Fächer, Schlüsselanhänger, Taschenlampen und Quietsch-Enten von Toten, die dort liegen, gibt es. Sprüche wie »Ich turne bis zur Urne« werden auf T-Shirts und Tassen gedruckt. Das alles wird aber vom Personal der *Bestattung Wien* überboten. Die haben einfach ein Zigarettenetui mit der Aufschrift: »Bestattung Wien – Rauchen sichert Arbeitsplätze!« Genial! Einfach zu beleidigen ist in Österreich nicht so üblich. Man versucht, die Beleidigung mit einem Witz zu würzen und mit Schmäh zu servieren. Einer meiner Lieblingssprüche ist: »Gleich brennst am Backerl, und ich zünd dir eine an, die du nicht rauchen kannst«. Diese Art der scherzhaften Beleidigungen kommt aber am häufigsten in Wien vor. Trotzdem wird der Schmäh auch in den ländlichen Regionen hochgehalten und kann auch noch deutlich trockener werden. In Deutschland ist der Humor, meiner Meinung nach, oft deutlich direkter, flacher und seichter. Man spielt gern mit Wortwitzen und spricht offensichtliche Dinge an. Die deutschsprachige Comedy steckt aktuell in einem großen Wandel. Stand-up-Comedy wird größer und größer und hat dadurch auch einen großen Einfluss auf den Humor jüngerer Generationen.

Die Sprache: Deutsch ist nicht gleich Deutsch! Wie etwas weiter oben schon kurz erwähnt, spielt hier oft das »deutscheln« eine große Rolle. Sprache verbindet, kann aber auch Grenzen ziehen. So wie zwischen Deutschland und Österreich. Zwar ist es dieselbe Sprache, aber sie hat ganz viele verschiedene Wörter und vor allem Betonungen. Dialekte fallen auf! Hier ein paar gängige Beispiele für unterschiedliche Wörter mit gleicher Bedeutung:

Österreich:	Deutschland:
Spompanadeln	(kleine) Dummheiten
Ungustl	unsympathischer Mensch
patschert	tollpatschig
Marie	Geld
hackeln	arbeiten
Gspusi	Liebschaft
häkln, häkerln	necken, ärgern
Adventkranz	Adventskranz
Badewaschl	Bademeister, Bademeisterin
Lauser	freches Kind
ua zach	sehr langweilig
tschechern	Alkohol trinken
(an)pritscheln	sich nass machen, mit Wasser spielen
Bussi	Küsschen
Baba	Auf Wiedersehen!
Gewand	Kleidung

Garnitur	Outfit, Kleidungs-Set oder Paar
Mistkübel	Mülleimer

Das geht sich (nicht) aus | **Es ist (nicht) möglich**

In Österreich ist diese Redewendung so essenziell, wie atmen oder Wasser trinken. Ohne diese Redewendung vergeht kein Tag im Alpenland. Angeblich sollen es unsere geliebten deutschen Nachbarinnen und Nachbarn nicht sinnhaft verstehen. Vielleicht noch ein Grund, der diese Hassliebe ein wenig erläutert. Mir ist unbegreiflich, wie das nicht verstanden werden kann. Etwas geht sich nicht aus. Ganz einfach. »Schaffst du es endlich, im 10. Semester dein Bachelorstudium abzuschließen, Gabriel?«

»Na, des geht si ned aus!« Spaß, ich habe nur acht gebraucht. »Schaffst du es pünktlich zum Sonntagsgebet, Gabriel?« »Sorry, des geht si ned aus!« »Schaffst du es vielleicht, einmal ned deppert zu sein, Gabriel?« »Des geht si a ned aus!«

Aja übrigens, in österreichischen Supermärkten und bei Feinkosttheken bestellt man in Deka und nicht in Gramm. Wer hundert Gramm Gouda bestellt, kommt wahrscheinlich nicht aus Österreich.

Wir verwenden außerdem in Österreich ein paar Wörter, die auch in Deutschland existieren, aber nicht auf die gleiche Weise oder zuletzt vor 400 Jahren verwendet wurden.

Gewand ist in Österreich das normale Wort für Kleidung. Für Deutsche klingt es aber oft so, als würden wir auf einem ewig dauernden Mittelalterfest leben.

So ist auch der Satz »Ich habe mir gestern eine Garnitur Unterhosen gekauft« nicht untypisch in Österreich. In Deutschland klingt es so, als hätten mich meine Eltern für fünf Jahre auf ein Burscheninternat mit Drill Sergeant geschickt.

Die Gemütlichkeit: Österreich ist mir immer etwas entspannter als Deutschland vorgekommen. Es liegt auch in der Sprache. Die Floskeln, die wir haben, sagen wir ja nicht nur zum Spaß. Passt scho! Schau ma mal, dann seh ma's eh! Es is wie's is! Mehr dazu im Kapitel »Sprichwörter für alles«. Diese Gemütlichkeit hat einen großen Stellenwert in Österreich und wird auch dementsprechend zelebriert. Bayern zählt wahrscheinlich auch bei der Gemütlichkeit zu Österreich dazu. In Deutschland ist man korrekter und in Österreich schlampiger. Passt scho! Ich will hier jetzt nicht sagen, dass sich Deutsche nicht entspannen können und immer arbeitende, ferngesteuerte Roboter sind, die das Leben nicht genießen. Das tun sie bestimmt auch. Aber die Österreicherinnen und Österreicher zelebrieren es vielleicht etwas mehr und stellen es auch gern zur Schau.

Irgendwie bin ich auch stolz auf mich, ein ganzes Kapitel über Österreich und Deutschland geschrieben zu haben, ohne dabei Córdoba und Fußball zu erwähnen.

Missverstandenes
Österreich

Im Jahr 2023 wurden zwei ganz besondere Umfrageergebnisse veröffentlicht und die österreichischen Medien stürzten sich darauf wie Tauben auf eine hinuntergefallene Handsemmel. Oder wie Elstern auf Sisis Modeschmuck.

Es war eine ganz besondere Woche. Denn innerhalb nur weniger Tage wurde Wien zuerst zur lebenswertesten Stadt der Welt gewählt. Und dann Österreich zum unfreundlichsten Land der Welt. (Wer das behauptet, werden wir gleich erfahren. Die Daten hinter dieser Studie sind nämlich sehr aussagekräftig.)

Nun, ich bin kein Österreicher. Ich bin Australier, aber die beiden Länder liegen mir am Herzen.

Darum habe ich das Gefühl, dass sich jemand für das so sehr gepiesackte österreichische Volk einsetzen muss.[15]

Wer immer wieder zu hören bekommt, wie unfreundlich das eigene Land im Weltvergleich dasteht, benötigt doch dringend einen wohlwollenden Freund an seiner Seite.

Denn ich glaube wirklich, dass die Österreicherinnen und Österreicher einfach missverstanden werden.

Ich meine, das sind doch alles fleißige Menschen! Das zeigt schon die Tatsache, dass sie bereit sind, eine achtzigjäh-

---

[15] Niemand hat mich gebeten, für das so sehr gepiesackte österreichische Volk einzutreten, ganz im Gegenteil. Die meisten Österreicherinnen und Österreicher haben auch dieses Jahr die Sektkorken knallen lassen, als sie erfuhren, dass sie »das unhöflichste Volk der Welt« sind.

rige Frau aus dem Weg zu schieben, wenn sie auf der falschen Seite der U-Bahn-Rolltreppe steht. (Rechts stehen, links gehen, Leute!) Das hat rein gar nichts mit Unhöflichkeit zu tun – sondern vielmehr mit der viel zu kurzen Arbeitswoche im Land. Weißt du, wie schwer es ist, alles in einer Arbeitswoche unterzubringen, die an einem Freitagmittag endet?! In einer Arbeitswoche, die so oft durch Feiertage mitten in der Woche unterbrochen wird, dass man praktisch gezwungen ist, auch den sogenannten Fenstertag freizunehmen?!

Die Österreicherinnen und Österreicher werden einfach missverstanden.

Es ist nicht die Schuld der Person hinter dem Bäckereitresen, wenn sie unhöflich zu dir ist. Schließlich hast DU gerade mehr als fünf Sekunden gebraucht, um deine Bestellung aufzugeben. Das Brotwissen wird den Inländerinnen und Inländern hier quasi in die Wiege gelegt.

Und wenn du deine Backwaren nicht kennst, bevor du eine Bäckerei betrittst, dann gehören dir ganz einfach die Ohrwascheln langgezogen, Freundchen!

Es geht hier nicht um den Bau eines Tiefsee-U-Boots. Entscheide dich einfach zwischen Dinkelbrot, Dinkelvollkornbrot und den gefühlt 3.250 verschiedenen Sorten Schwarzbrot, die hier alle kein Etikett tragen, weil wir in diesem schönen Land keine Etiketts auf unseren Broten brauchen, verdammt nochmal!

Ja, die Österreicherinnen und Österreicher werden einfach missverstanden.

Das zeigt auch diese Bewertung, die ich auf Tripadvisor gefunden habe:

»Ich bin gerade von meiner Reise nach Wien zurückgekommen und ich kann nur sagen: Ich würde es nie wieder tun und auch keinen anderen Reisenden empfehlen. Die unhöflichsten Menschen, die ich je auf der Welt getroffen habe [...]«

Moment, kurze Unterbrechung: Im Namen von ganz Österreich möchte ich meinen aufrichtigsten Dank für den Titel aussprechen, der über dieser Bewertung prangt:

»[...] die machen überhaupt keine Anstalten, nett zu sein. Tatsächlich scheint es so, als würden sie alles daran setzen, möglichst unhöflich zu wirken.«

Das ist richtig! Wir (also wir Österreicherinnen und Österreicher, wenn auch im Geiste) geben uns wirklich Mühe, unhöflich zu sein. Und das sollte uns hoch angerechnet werden. Schließlich gibt sich doch heutzutage üblicherweise niemand mehr irgendeine Mühe bei was auch immer.

Wo die Amis die Extrameile gehen, um besonders freundlich zu wirken, tun wir das Gegenteil. Mit dem Unterschied, dass die Amis fürs Höflichsein Trinkgeld bekommen.

Das ist aber auch der Witz an der Sache: In den USA bezahlst du beim Trinkgeld drauf. In Österreich sind alle so unhöflich zu dir, dass du sowieso kein Trinkgeld geben magst. Und schon hast du wieder Geld gespart.

Österreicherinnen und Österreicher werden einfach missverstanden. (Beginnt das Mantra schon zu wirken?)

Auf Reddit schreibt ein gewisser Trevor: »*They have the reputation for being rude because they are rude. If you make an attempt at small talk somebody will look at you as if you've farted under their nose.*«

Ich unterstelle Trevor jetzt einfach mal, dass das kein lyrischer Kunstgriff war, sondern auf seinen eigenen Erlebnissen basiert. Nämlich, dass er beim Smalltalk wirklich einen hörbaren Bohnengruß vor seinen Mitmenschen stehen ließ. Und sich auf Reddit dann zu fein dafür war, die eigene Flatulenz zu gestehen.

Eines muss man Trevor allerdings zu Gute halten: Nicht alle können mit der fleischlastigen österreichischen Küche umgehen.

Wenn also irgendein Touri in einem Beisl einen Zwiebelrostbraten[16] bestellt, weiß der Kellner natürlich schon, wie das enden wird.

Dass irgendjemand später aus dem Beisl wanken wird. Und im eigenen Fleisch-High irgendwelche Eingeborenen ansprechen wird. Diese Eingeborenen nach den »besten österreichischen Schimpfwörtern« fragen wird – weil er »de-

---

[16] Zwiebelrostbraten: ein lange im Ofen gegartes Stück Rumpsteak, garniert mit frittiertem Zwiebel

nen zu Hause ein bisschen was beibringen« will, hähä. Und dann das südliche Luftventil nicht schnell genug verschlossen wird.

Irgendwie kein Wunder, dass insbesondere das Beislpersonal längst chronisch mürrisch ist, oder?

Aber eben: Österreicherinnen und Österreicher werden einfach missverstanden.

So sind die älteren Damen, die einen aus irgendeinem Grund öffentlich anschreien – etwa, wenn man bei Rot über die Straße gelaufen ist oder wenn das eigene Kleinkind im Innenhof zu laut gehustet hat – doch eigentlich die Ordnungshüterinnen dieses schönen Landes.

Eine Art greise Batwomen.

Weil sie wissen, dass das Recht hier noch von allen hochgehalten werden muss, um Bestand zu haben. Vielleicht sollte man landesweit über starke Flutlichter nachdenken, die bei Gefahr eine Oma-Silhouette in die regenschwangeren Nachtwolken zeichnen. Aber ich schweife ab.

Der Punkt ist: Die Österreicherinnen und Österreicher werden einfach missverstanden.

Ich bin dir noch eine wichtige Information schuldig geblieben: Wer hat denn nun diese Umfrage organisiert? Lass uns gemeinsam einen Blick hinter die Kulissen dieses kleinen Skandals werfen:

Die Umfrage stammt von einer Gruppe namens *Internations* – einer Gemeinschaft für professionelle Expats in verschiedenen Ländern der Welt. Liest man nun aber den ganzen Bericht, wird klar: An dieser Umfrage haben gerade einmal zwölftausend Menschen weltweit teilgenommen. Eine erschreckend niedrige Zahl, wenn man bedenkt, wie viele Expats es auf der Welt gibt. Die Stichprobenzahl ist also eher klein. (Und ja, hier kommt es mal wirklich auf die Größe an.)

Außerdem – und jetzt kommt der Punkt, der diese Umfrage unglaubwürdig erscheinen lässt – mussten sich in jedem Land nur mindestens fünfzig Personen beteiligen, damit die Ergebnisse als gültig angesehen werden konnten.

Das bedeutet, dass gerade einmal fünfzig Personen in Österreich diese Umfrage beantwortet haben könnten. Ich fordere deshalb, dass *Internations* die Zahl der Personen veröffentlicht, die in jedem Land tatsächlich teilgenommen haben. Und uns deren Namen nennt. Und deren Privatadressen! (Keine Sorge, wir tun diesen armen Teufeln nichts. Wir schicken die einfach alle nach Kärnten, wo sie die österreichische Gastfreundschaft bei zahllosen Feuerwehrfesten am eigenen Leib und mit eigenem Kater erleben werden.)

In dem Bericht heißt es übrigens auch, dass 58 Prozent der Expats es schwierig finden, in ihren neuen Wohnorten Freundschaften zu schließen.

Dazu kann ich nur sagen: Die Österreicherinnen und Österreicher haben euch mehrmals eingeladen. Haben euch von der Nacktsauna vorgeschwärmt, vom betrunkenen Nacht-skifahren und vom Puderzuckerinhalieren beim Vanille-kipferlbacken. Ihr habt sie immer nur komisch angeschaut und »Nein, danke« gesagt. Das wäre eure Chance gewesen, in das Herz des Landes einzutreten. Oder wenn sich die Einheimischen über alles Mögliche beschweren – vom Wetter bis zum Bettelmusiker, der viel zu schief singt – dann ist das deren Love Language!

Sie sind mürrisch und unhöflich – aber auf positive Art und Weise.

Hab ich's schon gesagt?

Österreicherinnen und Österreicher werden einfach missverstanden.

Red' ma über's Wetter?

Der Morgen des 1. Dezembers 2023. Ich bin gerade aufgewacht. Mein Handy vibriert. Es bimmelt ununterbrochen. Pausenlos bekomme ich WhatsApp-Nachrichten geschickt. Die Chat-Gruppen explodieren. Instagram-Storys verwandeln sich zum Live-Ticker. Im Radio, Fernsehen und Internet drehen alle durch. Sondersendungen werden einberufen. Für einen Moment dachte ich, ein neuer politischer Skandal à la Ibiza sei passiert. Schon wieder Rücktritte, Neuwahlen und Korruptions-Affären. Aber nein. Es schneit einfach nur. Es ist Wintereinbruch in Österreich. Der erste Schnee im Jahr versetzt das Land immer in Ekstase. Und damit meine ich nicht Kokain.

In Österreich ist es absolut verpflichtend, beim ersten Schnee mindestens drei Leute anzurufen und ihnen zu sagen: »Es schneit!«

Immer wenn in Österreich der erste Schnee fällt, tut jeder so, als hätte er noch nie in seinem Leben eine Schneeflocke gesehen. Der Winter ist da. Die Freude ist bei manchen Menschen so groß wie die Freude beim österreichischen Gewinner der Euro-Millionen. Andere verfluchen dafür bald darauf den braunen, dreckigen Gatsch[17] auf den Straßen. Nein, kein Nazi-Vergleich. Obwohl er nicht schlecht wäre!

Mein Telefon klingelt. Eine Freundin ruft an. Ich hebe ab. »Hallo Freundin, was gibt's?« »Gabriel, hast du schon gese-

[17] Gatsch: Schlamm

hen? Es schneit! Es schneit!« »Ich weiß«, antworte ich. »Ich habe ein Fenster.« Der einzige Grund ihres Anrufes war, mir mitzuteilen, wie die aktuelle Wetterlage ist. Der Drang, jemandem mitzuteilen, dass es schneit, ist fast so groß wie der Drang, jemandem beim Anstoßen alkoholischer Getränke in die Augen zu starren. Pflicht!

Das Wetter in Österreich ist immer z'koid, z'haß, z'noss oder z'windig.

Außer der seltene Fall tritt ein und alle können sich auf »gutes« Wetter einigen. Dann nennt man es **Traumtagerl** oder **Kaiserwetter**. Aber wie gesagt – passiert sehr selten. Es ist praktisch nie »gut« für alle in Österreich. Da kann der Winter noch so lange, dunkel und kalt sein. Wenn es über dreißig Grad im Sommer hat, drehen die Leute durch und beschweren sich, weil es zu heiß ist. Da ist nix mit Sommer, Sonne, Sonnenschein. Die Hitze macht einen in Österreich ganz schnell grantig. Es wird sogar für manche zu heiß zum Schwimmen. Bei der Hitz' kann man ja nur z'aus bleiben! **Für viele liegt zwischen »leiwande Temperatur« und »z'haß« gerade einmal ein Grad.**

»Es gibt kein schlechtes Wetter, nur falsche Kleidung!« Diesen Satz habe ich mindestens 133 Mal von meiner Mutter gehört, als sie wieder bei klirrender Kälte und Sturm spazieren gehen wollte, um frische Luft zu schnappen. **»Jetzt**

stell dich nicht so an, wir sind nicht aus Zucker!« hat mein Vater circa 94 Mal zu mir gesagt, als er wieder einmal bei strömendem Regen *nur kurz* um den Häuserblock gehen wollte, um sich die Beine zu vertreten. Gott, wie sehr habe ich mich auf dieses Kapitel gefreut! Jacob hasst es, mit mir über das Wetter zu reden. Ich habe aber nie verstanden, warum, denn das Wetter ist doch allgegenwärtig. Es ist omnipräsent. Es beeinflusst nicht nur, wie wir uns anziehen, sondern meistens auch unseren Gemütszustand. Unseren Appetit, unseren Alltag und unsere Freizeit. Genauso ist das Wetter das perfekte Mittel, um ein Gespräch anzufangen, unangenehme Stille zu brechen oder es gleich wieder zu beenden. Natürlich ist es durch den Klimawandel auch für viele Menschen Gesprächsthema Nummer eins geworden. Das Wetter kann tödlichen Schaden verursachen und gleichzeitig wunderschöne Momente kreieren.

Ich liebe es, über das Wetter zu sprechen. Ohne Ironie, ohne Schmäh! Bei uns in der Familie sprechen wir gern über das Wetter. Vor allem ist es immer ein Grund, seine gute oder schlechte Laune zu rechtfertigen! Du fühlst dich grantig oder hast Kopfweh? Das Wetter ist schuld! Du hast schlecht geschlafen, weil es Mitte Oktober 25 Grad hat? Das Wetter ist schuld! Der Bus und die Bahn kommen immer zu spät, weswegen du nie pünktlich zur Arbeit kommst? Das Wetter ist schuld! Deine Chefin hat dich gekündigt, weil du immer spät dran bist? Das Wetter ist schuld! Du hast kein Geld mehr und musst die Heizung schon im November andrehen, weil dein Freund sonst friert und sauer wird? Das Wetter ist schuld! Du hast vor lauter Frust fünf Kilogramm zugenommen und passt nicht mehr in deine Lieblingshose? Das Wetter ist schuld! You got the point! In Österreich kann man dem Wetter praktisch jede je existierende Schuld zuschieben und oft wird es auch durchgehen. Wahrscheinlich gibt es auch irgendeine verzweifelte Sau in diesem Land, die sagt, dass wir den Ersten und Zweiten Weltkrieg nur wegen des Wetters verloren haben.

Leider hat das Kapitel kein Happy End. Ich fürchte, die Sendezeit von Wetterberichten wird zukünftig nicht mehr nur zwei Minuten lang sein. Ich fürchte, der Sendeplatz von Wetterberichten wird zum Hauptprogramm einer Nachrichtensendung. Ich fürchte, wir müssen in Zukunft noch viel mehr und intensiver über das Wetter und dessen Auswirkungen sprechen. Zumindest gestaltet sich diesmal die Schuldzuweisung deutlich einfacher. Denn das Wetter ist in dieser Ausnahme nicht an allem Schuld, sondern wir Menschen!

Manner-Schnitten: das Vegemite Österreichs

In Österreich bricht man nicht das Brot mit jemandem. Man bricht Manner-Schnitten.

Ich sitze im Meetingraum meiner Agentur und bereite mich auf ein Kennenlerngespräch vor. Der potenzielle Neukunde tritt durch die Tür, wir begrüßen uns und starten die Besprechung. Da zieht er etwas aus seiner Manteltasche, das so ikonisch quaderförmig und flach ist, dass es halb Österreich mit zwei Promille und ausgestochenen Augen ertasten könnte – ein Packerl Manner-Schnitten.

Mein Gegenüber reißt den Papierstreifen auf, bricht die Packung auseinander und legt die Waffelreihen in die Mitte des Tisches. Mit einer gönnerhaften Handbewegung gibt er mir zu verstehen, dass ich mir eine nehmen soll.

Ich erwidere die Geste mit einem höflichen »Nein danke, ich bin satt«.

Er beharrt darauf.

Ich lehne erneut ab.

Er hält meine Weigerung für schüchterne Freundlichkeit. Und beharrt weiter darauf.

Ich habe das Bedürfnis, die Situation klarzustellen, bevor wir zwei wie Waldorf und Statler enden – zankend und sich wieder vertragend bis wir alt und grau sind.

»Ich bin kein Fan«, sage ich bedauernd. Er sieht mich an, als hätte ich seine Großmutter gerade eine Dreilochstute genannt. »Was soll das heißen, du bist kein Fan?«

»Das Zeug ist staubiger als die Sahara. Allein beim Gedanken an Manner-Schnitten muss ich so heftig husten, dass sich mir der Anus kurz nach außen stülpt. Ich verstehe die österreichische Besessenheit nicht – insbesondere nicht in einem Land, das vor hervorragenden süßen Speisen nur so strotzt. Und mir tun all die kleinen Kinder leid, deren Geschmacksknospen bis heute mit dem Manner-Kult indoktriniert und für immer verdorben werden.«

Das alles hätte ich ihm eigentlich gern gesagt. Stattdessen murmle ich: »Das sind doch nur … Oblaten?«

Meine Ignoranz hat ihn sichtlich verärgert. Im Laufe des Treffens reduziert er das Päckchen zu nichts mehr als einer krümelbehafteten Alufolie. Wahrscheinlich, um mir etwas zu beweisen. Nämlich WIE SEHR er Manner-Schnitten liebt. Eigentlich wie fast alle Österreicherinnen und Österreicher, die ich bisher getroffen habe.

Wahrscheinlich hast du es schon vorhergesehen: Dieser Mensch wurde dann kein neuer Kunde unserer Agentur. Und ich bin mir sicher, dass es etwas mit den Manner-Schnitten zu tun hatte.

Denn so kreuzfad diese Naschsache auch aussehen mag – in Österreich trägt sie Heiligenstatus. Für viele hier sind sie ein Symbol ihrer unschuldigen Kindheit. Sie haben Manner-Schnitten von ihren Großeltern geschenkt bekommen und verbinden einen Haufen (hoffentlich schöner) Erinnerungen damit. Die Manner-Schnitte schlecht zu machen gleicht dann dem Schmähen des geliebten, aber kürzlich verstorbenen Familienhundes.

Zumindest etwas Positives kann ich über die rosarot eingepackten Schnitten sagen: Sie schmecken immer noch besser als Vegemite. Das ist ein dunkelbrauner Brotaufstrich aus Hefeextrakt, der in Australien Kultstatus genießt. (Auch wenn ich das Wort »genießen« in diesem Zusammenhang äußerst ungern verwende.)

Wenn man auf dem Land aufgewachsen ist, liebt man Vegemite. Allerdings auch nur, weil man jahrelang darauf programmiert wurde. Wenn du dich bereits durch die Pubertät gekämpft hast und dir jemand erst jetzt dein erstes Vegemite-Brot macht, wirst du das Ding ohne schlechtes Gewissen meterweit von dir schleudern. Bestenfalls direkt ins Gesicht des Unholds, der es dir zubereitet hat. Nimm es für alles andere, als Kettenschmiere, als Selbstbräuner, als Gleitmittel für Masochisten, aber nicht als Brotaufstrich.

Wahrscheinlich darf ich jetzt nie wieder in mein Heimatland einreisen. Aber das war's wert.

So. Alle Heimattreuen können die Seiten dieses Kapitels jetzt voller Abscheu aus dem Buch reißen. Am besten, ihr bestreicht sie mit Haselnussaufstrich und esst sie. Dann schmecken sie nämlich genauso gut wie eure geliebten Manner-Schnitten.

Österreichische M&M's: Manner-Schnitten und Mozartkugeln

Stopp, stopp, stopp! Wehe, du reißt die Seite jetzt raus! Jetzt kommt nämlich mein Plädoyer der Liebe! Warum Manner-Schnitten und Mozartkugeln ein Stückerl Herz von Österreich sind: Manner-Schnitten sind rein geschmacklich eigentlich nur ganz normale Waffeln mit einer Schoko-Haselnusscreme dazwischen. Nicht mehr und nicht weniger. Mozartkugeln hingegen sind mit giftgrünem Marzipankern und einer knackigen Schokoladenhülle noch etwas anspruchsvoller für manche Naschkatzen. Es geht hier aber nicht darum, was besser ist. Salzburg gegen Wien, Rosa gegen Gold, Prolet gegen Snob oder rund gegen eckig. Ich denke, wenn beide heuer zum ersten Mal auf den Markt kommen würden, hätten sie gegen Snickers, TimTams, Peanutbutter-Protein-Riegel oder White-Almond-Double-Trouble-Schoko-Mouth-Explosion mit Karamell-Einspritzungen und gerösteten Paranuss-Stücken keine Chance. Aber in den quadratischen rosaroten Verpackungen der Manner-Schnitten und der goldig glitzernden Alufolie der Mozartkugeln steckt etwas viel Wichtigeres als Kilokalorien, Diabetes oder Karies drinnen. Etwas, das neue Süßigkeiten niemals produzieren können: **Nostalgische Erinnerungen** an eine deutlich unbeschwertere und sicherere Zeit deines Lebens. Die kann dir keiner nehmen. Und du kannst sie für unter fünf Euro kaufen. Besser als so manch andere Happy-Macher wie Drogen oder ein Kasten Bier. Ja, ich habe gerade Rauschgift mit Rauschgift verglichen! Dazu kommt aber noch ein Grund. Der trifft zumindest bei Manner-Schnitten zu. Die Teile sind vegan. Josef Manner hat den heute beliebten Ernährungsstil schon im 19. Jahrhundert kommen sehen. Manner-Schnitten, ein Fixbestandteil jedes österreichischen Reiseproviants. Es gibt Menschen, die gehen nicht ohne Manner-Schnitten außer Haus. »Ich weiß ja nie, wann ich Nervenfutter brauch«, sagt meine Mama.

Kleiner Geschichts-Exkurs: Deutsche Wehrmachtssoldaten bekamen zur Stärkung an der Front »Pervitin« (Methamphetamine), auch Panzerschokolade genannt. Österreichische Soldaten wurden praktisch mit Manner-Schnitten gefüttert. Na ja, nicht ganz, aber Manner belieferte nicht nur den kaiserlich-königlichen Hof in Wien, sondern auch die Nazis. Sie waren Armee-Lieferanten, die zur Süßigkeitenproduktion zwangsverpflichtet wurden. Im großen Stil stellten sie Fliegerschokolade her. Die koffeinhaltige Light-Version des Methamphetamin-Boosters. Es war vor allem unter dem treffenden Namen »Scho-Ka-Kola« bekannt. No Joke!

Ich lehne mich jetzt mal weit aus dem Fenster und behaupte, sieben von zehn Großeltern aus Österreich reichen diese Schnittchen und Kugerl an ihre Enkerl – wie die Heiligen Drei Könige Myrrhe, Gold und Weihrauch, verteilen Oma und Opa im besten Fall Wafferl, Zuckerl und Umarmungen. Im schlimmsten Fall Watschen und rassistische Kommentare zu der neuen Liebschaft. Meine vier Großeltern haben das jedenfalls gemacht. Also Feigen, keine Ohrfeigen! Manner-Schnitten waren immer da. Mozartkugeln meistens auch. Scheiß auf Batman, Spider-Man und Hulk! Manner und Mozart waren meine Superhelden in der Kindheit! Sie waren immer für mich da! Who you gonna call? M&M! Wenn ich traurig war und getröstet werden wollte – M&M sind immer gekommen. Ein Ausflug ins Schwimmbad – M&M waren mit von der Partie. Wandern auf die Alm – M&M und ich am Gipfelkreuz. Schullandwoche und das Heimweh packt dich – M&M retten dich. Kein Wunder, dass ich als Kinder übergewichtig war. Das ist aber eine andere Geschichte. Ich will damit sagen, dass diese trockenen Schnittchen und Schoko-Eier von Mozart den Ratatouille-Effekt in mir auslösen. Ich beiße da rein und schnipp – bin ich für einen Moment bei meiner Oma im alten Haus. Aus der Küche läuft die Erkennungsmelodie von Radio Steiermark. Schlagermusik wird eingeleitet. Es werden gerade frische Holzscheite in den Kachelofen gelegt und durch den Raum steigt warme Luft auf. Opa kommt langsam die Kellerstiegen hoch und hat eine Flasche Apfelsaft vom Bauern im Ort in der Hand. Du bist in Sicherheit. Du hast keine Sorgen. Keinen Kummer. Und du musst auf gar keinen Fall Miete oder SVS bezahlen. Herrlich. Ein wahres Paradies! Noch dazu ist M&M ein Stückchen Heimat to go. Ich habe sie auf all meinen Reisen immer ausreichend eingepackt. Ebenso wird M&M sehr gern als Mitbringsel für einen Auslandsbesuch verwendet. Und verzeiht Jacob, er hat diese nostalgischen Erinnerungen mit M&M nicht. Seid nicht so hart zu ihm. Bei ihm gab es in der Kindheit nur frischgekochtes Känguru-Gulasch.

Und Manner und Mozart, falls ihr einen neuen Markenbotschafter sucht, ruft bitte nicht den Australier an, sondern mich!

»Mahlzeit!«

Das nun Folgende ist ein Leitfaden zur österreichischen Küche – und zu den Orten, an denen man sie isst und trinkt. Vom Gasthaus bis zum Beisl. Zur leichteren Verdaulichkeit habe ich den Guide in mundgerechte Schmankerl aufgeteilt. Lecker!

Vorspeisen:

- Zuallererst: In Österreich ist es verpönt, »lecker« zu sagen. Darin sind sich hier alle einig. Wieso eint sie das? Weil sie so gegen den Erzrivalen Stellung beziehen können: den Piefke.
- Eine weitere Regel, insbesondere in der Landeshauptstadt: Nenne ein Schweineschnitzel niemals »Wiener Schnitzel«. Sonst sieht dich der Kellner gleich an, als hättest du eigentlich eine Schnitzelohrfeige verdient. Und Finger weg vom Ketchup, ihr Ungläubigen! Ein echtes Wiener Schnitzel isst man mit Preiselbeermarmelade. Es sei denn, du möchtest noch eine Schnitzelohrfeige zur Nachspeise?

Der Rest der Welt zu diesen rosaroten, gummiartigen Würsten: »Wiener«. Wien: »Frankfurter«.

Und wieder ging eine wunderbare Gelegenheit an uns vorbei, eine glorreiche Erfindung Österreichs für uns zu reklamieren.

Das ist aber nur meine Meinung. Und was ist die schon wert? Ich wuchs mit meinen Brüdern auf und kicherte jedes Mal, wenn ich das Wort »Wiener« hörte. Das tue ich immer noch. Falls du dich fragst, warum: Im Englischen ist es ein lustiges Wort für Penis. Hihihi.

Wenn du also das nächste Mal nach einem Dickpic fragst oder gefragt wirst, benutze doch einfach den überaus kultivierten Begriff »Wiener Art«. »Hey Schatz, ich hab grad richtig Lust auf etwas Wiener Art. Krieg ich was zu sehen?«

Gerade fällt mir ein: Meine Brüder und ich zogen damals die Wiener Würstchen aus unseren Hot Dogs und schlugen uns damit gegenseitig ins Gesicht, während wir schrien:

»Wiener slap! I just slapped you in the face with my Wiener!«

Das war also mein erster Kontakt mit Wien. Kein Wunder, dass es mir in Österreich seit Jahren so gut gefällt. (Unreif, ich weiß. Zum Glück ist Marcel Reich-Ranicki mittlerweile tot.)

Wo wir gerade so nett von unreifen Dingen sprechen: Lies das Folgende mal mit amerikanischem Akzent: »Wir suchen dich.« Hahaha, we're suck'n dick!

Das bringt mich jedes Mal zum Lachen.

○   Auf Österreichs Speisekarten findet sich eine Suppe, deren einziges Ziel es ist, die Touris zu verwirren: die Frittatensuppe. Üblicherweise wird das dann als »pancake soup« übersetzt.

Aber wer von außerhalb denkt dabei bitte an eine Rinderbrühe mit fein geschnittenen Pfannkuchenstreifen als Einlage, wenn er eine »pancake soup« bestellt?

Meinem österreichischen Freundeskreis zufolge gibt es bei Frittatensuppe nur zwei Arten von Menschen:

Diejenigen, die Frittatensuppe machen und extra Palatschinken zum Nachtisch, und diejenigen, die zum Nachtisch zu viele Palatschinken gemacht haben und die Reste dann für die Suppe verwenden.

Kanzlermenü

Wenn der Bundeskanzler von Österreich Kinderarmut mit Burger und Pommes bekämpfen möchte, kann es sich nur um das Wort des Jahres 2023 handeln. »Kanzlermenü« fasst perfekt die Aussage von Karl Nehammer zusammen. Er hatte sich vor ÖVP-Funktionären über Kinderarmut aufgeregt und sagte, dass ein Hamburger bei McDonald's die »billigste warme Mahlzeit in Österreich« sei. Na dann, Mahlzeit liebe Kinder!

Mittags

○ In Österreich wirst du Kren und Essiggurkerl in fast allen Sandwiches finden.

Wie kann ich dir Kren beschreiben? Es ist, als würdest du in scharfes Gras beißen, das dich hasst. Essiggurkerl wiederum sind zu einem wichtigen Teil meiner Wurstsemmel-Esskultur geworden. Und ich möchte einen neuen Ausdruck vorschlagen für den enttäuschenden Moment, wenn man merkt, dass der Wurstwarenfachverkäufer beim Billa die Gurkerl vergessen hat: »Du host a Gurkerl gschossn, Oida!«

Das Wort »Mahlzeit« hörst du zwischen 11 und 13 Uhr an einem Werktag häufiger als die Worte »Ich liebe dich« in dreißig Ehejahren.

Beilagen (oft als vegetarische Gerichte missverstanden)

○ Wenn du in Österreich Erdäpfel kaufen willst, solltest du vorher studiert haben. Jedenfalls fühlt es sich bei der enormen Bandbreite an Kartoffelsorten so an. In Australien püriert man Erdäpfel, man brät sie an, verwendet sie in einem Salat oder in einem Eintopf. Das alles mit nur einer Sorte. Aber in Österreich gibt es für jeden Verwendungszweck eine perfekt gezüchtete Kartoffelsorte. Frühe Erdäpfel, speckige, mehlige, Ofenerdäpfel, Salaterdäpfel, Beilagenerdäpfel, und und UND!

- So sehr respektiert man hier den Erdapfel. Die Menschen in diesem Land haben so großen Respekt vor der Knolle, dass sie Mühe mit der niederen Form des Kartoffellebens zu haben scheinen – den Chips.

- Im Vergleich zu den Snack-Regalen in Australien hat Österreich in den meisten Supermärkten ein sehr schlichtes Chips-Angebot. Ich muss der Sorte Paprika zwar ein großes Lob aussprechen: Bevor ich hierherzog, hatte ich diese herrliche Chipssorte nie probiert. Und ich gebe zu, dass sie mein Snack-Leben bereichert hat. Darüber hinaus scheint es in Österreich aber einen schwerwiegenden Mangel an Chipsgeschmack-Alternativen zu geben:

- In China gibt es die *Great Wall of China*. In Australien gibt es die *Great Wall of Chips* – ganze Gänge, die nur der wundersamen Welt der Chips gewidmet wurden.

- Versteh mich nicht falsch. Ich will damit nicht sagen, dass die Supermärkte in OZ besser sind als die in OZtria. Denn was Österreich bei den Chips fehlt, fehlt Australien bei den Wurstwaren. Dort ist nichts mit der hiesigen Leberkäs-Vitrine vergleichbar. Und auch das freie Zusammenstellen von herrlichen Fleisch- und Käsesorten in ein individuelles Traumsandwich würde mir noch immer als Utopie vorkommen, wäre ich nicht nach Österreich umgezogen.

Die Herrscherin über die Feinkost
allerdings heißt Extrawurst.
WTF, Österreich?

Als ob es in Österreich nicht schon genug Wurstwaren gäbe. Aber ihr musstet einfach noch eine Art Superheldenwurst kreieren, die alle Tierarten und Fleischsorten in einer saftigen, feinen Masse vereint. Einfach so als kleinen alltäglichen Affront an den Allmächtigen, der seither um seine Übermacht bangt.

o   Nur weil in Österreich etwas Salat genannt wird, heißt das nicht, dass es Salat im herkömmlichen Sinne ist. Oder anders ausgedrückt:

Die gesündesten österreichischen
Salate im Ranking:

1. Erdäpfelsalat
2. Wurstsalat
3. Backhendlsalat

Du siehst, worauf ich hinauswill? Wenn etwas zu 86 Prozent aus tierischem Allerlei besteht, man es aber mit Salatsauce vermengen kann, gilt es hierzulande eben als Salat.

Das eröffnet dann auch ganz neue Deutungsmöglichkeiten. So wird Backhendlsalat beispielsweise gern vom Küchenpersonal empfohlen, wenn man nach einer vegetarischen Alternative fragt. »Ist ja Salat.«

Als der ehemalige Wiener Kult-Bürgermeister Michael Häupl gefragt wurde, was sein Lieblingstier sei, antwortete er: »Das Backhendl.«

○ Vegane Landsleute essen in österreichischen Gasthäusern gern Krautfleckerl. Nicht, weil die besonders gut schmecken. Sondern weil es oft das Einzige ist, das zur Auswahl steht.

○ Wenn du Speck in sehr kleine Stücke schneidest und diese deinem Salat beimengst, gilt der Salat in Österreich magischerweise immer noch als vegetarisch.

○ In Österreich wird Käse frittiert. Riesige Stücke Camembert und Emmentaler scheinen sich hierzu besonders gut zu eignen. Das schmeckt so falsch, dass mir mittlerweile egal ist, was richtig wäre.

○ Nur in Österreich: Du lebst vegan und deine Oma fragt dich trotzdem jedes Mal: »Owa an Leberkas isst eh mit, oder?«

Nachspeisen:

Nutze jede Gelegenheit, dich durch die unzähligen österreichischen Kuchenvitrinen zu kosten. Denn niemand
nimmt Mehlspeisen so ernst wie die Österreicherinnen
und Österreicher. Schließlich existieren hier noch Unternehmen, die früher die alten Royals mit Kuchen, Mehl- und
Süßspeisen belieferten. Sie dürfen sich noch heute stolz
»königlich und kaiserlich« nennen, im Jargon also »k. u. k.
Hofzuckerbäcker«.

Diese Bezeichnung ist sogar mehr wert als ein Ritterschlag
der Queen. Von K. u. k.-Unternehmen dieser Art gibt es heute schließlich nur noch wenige Dutzend. Als Hofzuckerbäcker
würdest du nicht mit einem Schwert gerittert, sondern mit einem Gugelhupf gekrönt werden.

Jede Region in Österreich beansprucht mindestens eine
Nachspeise für sich. Es ist, als ob es in Österreich irgendwann
ein heimisches Dessertwettrüsten gegeben hätte.

○ Salzburg hat seine Nockerl, Oberösterreich seine Grieskno-
del. Linz hat die Linzer Torte. Wien hatte beim Wettkampf
offensichtlich durchgemacht, denn es kann eine ganze
Reihe von Nachspeisen für sich reklamieren. Man denke
an den Kaiserschmarrn, die Buchteln und die Sachertorte.
Zu Letzterer verliere ich etwas später noch ein paar nicht
ganz so nette Worte.

- Menschen, die in Deutschland viel mit Zucker arbeiten, heißen dort gemeinhin Konditor oder Konditorin. Menschen, die in Österreich (und okay, in Bayern auch) mit demselben Zucker arbeiten, sind offensichtlich eine bessere Sorte Mensch. Also hat man sich dafür die epische Bezeichnung »Zuckerbäcker« oder »Zuckerbäckerin« ausgedacht.

- Auf Englisch übersetzt heißt das »Sugar Baker«. Wäre ich Zuckerbäcker von Beruf, würde ich auf die Frage »Und, was machst du so?« immer mit »I'm a sugar baker, baby« antworten.

- In Österreich behaupten alle, das geheime Apfelstrudelrezept ihrer jeweiligen Oma sei das beste. Frag aber bitte nicht, ob Rosinen in die Füllung gehören. Sonst brennen die Straßen wieder für drei Tage.

- Kann sein, dass ich hiermit meine Aufenthaltserlaubnis verspiele, aber ich sage es jetzt einfach. Der Eiffelturm ist für Paris, was die Sachertorte für Wien ist: super berühmt bei den Touristen, aber niemand mag sie.

- In Österreich ist es akzeptabel, die Nachspeise vorzuziehen und daraus das Hauptgericht zu machen. Kaiserschmarrn, Waldviertler Mohnnudeln, Topfenpalatschinken oder die verunfallten Brustimplantate, die sie hier Germknödel nennen – sie alle werden in Österreich als Hauptspeise akzeptiert.

Das war mit ein Grund, meine Sachen zu packen, meine Familie zehntausende von Kilometern auf der anderen Seite der Welt zu lassen und nach Österreich zu ziehen.

Frühstück:

○ Eier sind in Österreich so wichtig wie die Luft zum Atmen. Nicht nur für Spezialitäten wie Eierspeise, Eiernockerl und die Schnitzelpanier sind sie von höchster Notwendigkeit. Auch als »Ei im Glas« sind sie fixer Bestandteil eines jeden österreichischen Traditionsfrühstücks. Dabei werden sie aber nicht geext wie ein Shot Jägermeister. Sondern sie werden geschält, in ein viel zu enges Shotglas gesteckt, mit Gewürzen oder Zucker rabiat vermengt und dann via Löffel genossen. Alle diese ei-basierten Gerichte sind so gut, dass man vor jeder Mahlzeit am liebsten aufstehen und vor dem Huhn salutieren möchte.

○ An Ostern sollte das Huhn aber nicht anwesend sein. Dann passiert nämlich etwas Schreckliches mit dem ungeborenen Nachwuchs: Am Frühstückstisch wandeln sich die Eier zu Gladiatoren, werden im Zweikampf brutal zusammengeschlagen und wer einknickt, wird gegessen. In Österreich nennt man das »Eierpecken«. Ich nenne das »erweitertes Trauma für neugierige Hennen«.

Die echten Hauptgerichte
(weil mit Fleisch drin)

○ Das Wiener Schnitzel ist buchstäblich eine verprügelte Babykuh, gebadet in einem verprügelten ungeborenen Babyhuhn und gebraten in Butterschmalz, das aus der Milch einer Mutterkuh hergestellt wurde. Was sich hier stark nach dem neuen Musikgenre »Woke Metal« anhört, ist einfach nur Fakt. Und ich verstehe, dass die Menschen in diesem Land Fleisch lieben. So sind sie denn auch die überwältigende Mehrheit der Bevölkerung.

○ Die Österreicherinnen und Österreicher essen jährlich 35,4 Kilogramm Schweinefleisch, 12,5 Kilogramm Geflügel und 10,9 Kilogramm Rind- und Kalbfleisch. Und mindestens eine Portion Leberkäse pro Woche, so eine Umfrage der Zeitschrift *gourmetfein* unter 1,3 Millionen Menschen.

○ Apropos Leberkäse: Jeder österreichische Supermarkt hält die schwitzenden, rosaroten Laibe hinter Glas warm, damit sie irgendwo zwischen Frühstück und Mittagessen von der Kundschaft verspeist werden können. Schließlich wird in Österreich alle fünf Sekunden ein großes Stück unidentifizierbares Fleischgemisch zwischen zwei Semmelhälften geklemmt und verkauft. (Okay, die Zeitangabe habe ich mir ausgedacht. Aber du hast nicht mit der Wimper gezuckt, als du es gelesen hast. Weil es ganz offensichtlich wahr sein könnte.)

- Und dann ist da noch das Leberkas-Upgrade: Käs-Leberkäs. So schön rosa und schwitzig wie das Original, nur zusätzlich noch durchsetzt von Pusteln aus geschmolzenem Käse. Vergiss Tafelspitz, Apfelstrudel und Schnitzel – das ist das wahre Kulturgut Österreichs.

Live, laugh, Leberkas.

- Wien ist eine der wenigen Städte, die eine eigene Küche und einen eigenen Essensstil nach sich benannt hat: die Wiener Küche. Klar: Wien ist anders. Wien will anders bleiben. Wien darf nicht Österreich werden. Und die Wiener machen die Dinge gern auf ihre eigene trotzige Art.
- Viele Gerichte der Wiener Küche wurden eigentlich aus dem Habsburgerreich übernommen. Wenn Wien die Gerichte also als »unsere eigenen« bezeichnet, ist das in etwa so, wie wenn eine Managerin Lob für ihr Team einfach frech sich selbst zuschreibt.

Host an Tschick?

Ob das Wort »Tschick« jetzt vom französischen Wort »chique« für »Kautabak«, dem italienischen Wort »Cicca« für »Zigarette«, oder vom englischen Wort »Cigarette« stammt, ist den meisten beim Fragen danach wahrscheinlich völlig wurscht! »Cique«, »Cicca«, »Cigarette« oder »Tschick« – Hauptsache Nikotin. Aber wer weiß, wie viele Menschen sich schon beim Tschick-Schnorren verliebt haben. Wenn die dann Kinder bekommen, sind das dann Raucherbabys? Anyway. Diese Story zu dem Namen »Tschick« finde ich übrigens am sympathischsten: Die Legende besagt, dass es amerikanische Cigarettes über den großen Teich nach Wien geschafft haben. Für die Wiener war das Wort aber zu lang und zu schwer auszusprechen. Kurzerhand wurde aus Cigarette Tschigarette, und daraus dann Tschick.

Beide meiner Eltern rauchen. Der Geruch von Zigarettenqualm bringt in mir nostalgische Erinnerungen hervor. Klingt nach dem Anfang einer Reality-Sendung auf RTL. Meine erste Zigarette habe ich mit zwölf oder 13 geraucht. Mit 14 rollte dann auch langsam eine Regelmäßigkeit in meinen Zigarettenkonsum ein. Das haben früher alle an meinem Schulhof gemacht. Rauchen war cool und lässig. Nachdem ich auch cool und lässig sein wollte, war die Antwort auf die Frage, ob ich auch eine Tschick haben möchte, nicht wirklich schwer zu beantworten. Ich bin in einer Zeit zur Schule gegangen, wo es nicht unüblich war, dass im Lehrerzimmer noch geraucht wurde. Oder zumindest im Raucherkammerl. Du konntest dir als Kind auch im Supermarkt verschiedene Zigaretten-Sorten aussuchen. Lieber Schoko-Zigaretten oder Kaugummigeschmack? Im Werkunterricht haben wir Aschenbecher statt Vasen aus Ton geformt. Es war auch überhaupt kein Problem an Zigaretten zu kommen. Es war schließlich erlaubt.

Laut aktuellen Studien rauchen circa zwanzig bis 25 Prozent aller Menschen in Österreich. Das ist etwa ein Fünftel bis ein Viertel der Bevölkerung. Also jede vierte oder fünfte Person. Damit liegen wir im europäischen Vergleich im mittleren Durchschnitt.

2019 kam das allgemeine Rauchverbot in der Gastronomie. Ein riesiger Aufschrei hallte durch das ganze Land. Es ging durch alle Medien. Populisten machten das, was sie immer tun, und schrien lauthals »Diktatur« und »Freiheitsentzug«. Am Ende war es dann doch nur ein Zigarettenentzug. Es war aber ein langer Weg bis dahin. Viele typisch österreichische Lösungen waren versucht worden. Etwa Trenntüren für zigtausende Euro, die kurz nach der Installation wieder ungültig wurden, weil das Gesetz wieder geändert wurde. Viele prophezeiten den Untergang der österreichischen Gastronomie und Wirtshauskultur. Kein Lokal, Kaffeehaus oder Restaurant würde das überleben – ein paar Jahre später standen die meisten aber immer noch. Das Rauchen war in Österreich so normal wie eine bellende Steirerin oder ein grantiger Wiener. Überall wurde geraucht. Ich bin damit aufgewachsen, dass Gaststuben und Kaffeehäuser keine Nebelmaschine brauchten, um den Raum verraucht und undurchsichtig zu machen. Noch heute erinnern die gelbgefärbten Zimmerdecken von Lokalen an eine längst vergange Epoche.

Eine Zigarette und Kaffee –
für viele das beste Frühstück.

Als mich einmal ein Freund aus dem Ausland in Wien besuchte und mit mir frühstücken gegangen ist, war er mehr als erstaunt, rauchende Menschen am Nachbartisch zu sehen. **»Ein weichgekochtes Ei, ein Schinkensemmerl und drei Tschick, bitte«** war eine übliche Bestellung meinerseits. Ein Satz, den ich wahrscheinlich nie wieder sagen werde. Bei manchen Kaffeehäusern war es gängig, neben dem Wiener Frühstück auch Zigaretten auf der Speisekarte vorzufinden. Und damit meine ich, dass sie zum Frühstück dazugehörten.

Altwiener Frühstück:

Melange, 0,125 Liter frischgepresster Orangensaft, weichgekochtes Ei, Butter, Schinken, Käse, Marillenmarmelade, zwei Semmerl und eine Zigarette.

So stand es auf der Karte! Natürlich waren Zigaretten auch stückweise für dreißig Cent bestellbar. Am Silbertablett im kleinen Porzellanschälchen mit einer Packung Streichhölzer vom Herrn Ober serviert. Einen großen Braunen dazu und der Tag war gerettet. Das ist heute unvorstellbar. Also der günstige Preis der Zigaretten und das Rauchen im Kaffeehaus auch. Am letzten Tag, als das Rauchen in der Gastronomie noch erlaubt war, dachte ich mir wirklich, es geht nicht schlimmer. Kaffeehäuser, Wirtshäuser und Beisl verwandelten sich in eine Sauna. Es war heiß und stickig. Jeder Atemzug war mit Nikotin verseucht. Ungefähr wie im Winter, wenn man seinen Hauch sehen kann, war es mit dem Zigarettenrauch in Lokalen. Das Rauchen gehörte davor immer dazu und war mit der Gemütlichkeit vieler gekoppelt. Es wurde immer drinnen geraucht. Persönlich finde ich es gar nicht schlimm, nicht mehr in der Gastronomie rauchen zu dürfen. Passt schon, ich geh halt raus. Der Mensch ist ein Gewohnheitstier. Man kann sich an sehr viel gewöhnen. Kommende Generationen werden keine Sekunde mehr daran denken, in einem Kaffeehaus zu rauchen. So wie ich es mir beim Reisen denke, wenn mir meine Mutter erzählt, dass sie in Flugzeugen noch geraucht hat. Ja, liebe Gen-Z, es war tatsächlich erlaubt, in fucking Flugzeugen zu rauchen. Von Zügen will ich gar nicht erst anfangen. Nicht ohne Grund sagen sie noch immer in der Durchsage, dass das Rauchen verboten ist. Das muss man sich mal vorstellen. Du buchst dir einen Flug, steigst ein und neben dir sitzt eine Familie mit schreienden Kindern. Auf den Stress rauchst du dir erstmal eine Zigarette an und bläst den Rauch genüsslich zu den Sitzplätzen neben dir.

Bierchen

»Sorry, Duschen kannst du vergessen. Bei uns gibt's kein fließendes Wasser«, erbricht er sich schwallartig auf tirolerisch. Ich muss mich echt konzentrieren, um ihn zu verstehen.

Wir befinden uns in einer Berghütte auf unwirtlichen 2.600 Metern Höhe. Komplett verständlich, dass hier eine lauwarme Regenwalddusche à la »Influencerferien auf Bali« nicht zu erwarten ist. Mit Blick auf den halben Liter Bier in meiner rechten Hand muss ich dennoch eine Folgefrage stellen:

»Also ... du hast hier oben kein fließendes Wasser ... aber fließendes Bier?«

Der Gesichtsausdruck des Hüttenbesitzers bleibt genauso versteinert wie die Bergwand, die wir gerade hochgeklettert sind.

»Wenn man unter solch harten Bedingungen lebt, lernt man eben schnell, was die wichtigen Dinge im Leben sind. Stellts euch vor, Leute wie ihr kämen nach einem langen Wandertag hier hoch – und ich hätte kein Bier für sie!«

Er sieht aufrichtig erschrocken aus bei dem Gedanken.

»Aber wie bekommt ihr dann das Bier hier hoch?«, frage ich.

»Aah, wir haben einen Bierfass-Lift auf den Berggipfel gebaut«, sagt der Tiroler und lächelt stolz.

Du hast richtig gelesen:

Die Jungs haben einen Lift für Bier gebaut.
Haben aber kein Wassersystem.

Dieser Tiroler Hüttenwirt demonstriert perfekt, welche Beziehung die Österreicher zum Bier pflegen: Das nasse Gold wird hier als ebenso lebensnotwendig angesehen wie Sauerstoff und Wasser. Vielleicht sogar als noch lebensnotwendiger.

In Zahlen ausgedrückt, wird das eindeutig: Nur die Menschen in Tschechien trinken pro Jahr mehr Bier als die Österreicherinnen und Österreicher: 140 Liter pro Person sind es in Tschechien, 107 Liter pro Person in Österreich.

Das müsste eigentlich bedeuten, dass Österreich auch die Nation mit der zweithöchsten Anzahl an Bierbäuchen ist.

Und das wiederum würde bedeuten, dass Bierbäuche in Österreich ein Merkmal für Schönheit und Sexyness sind. Etwas, das die Menschen hier besonders attraktiv finden müssten. Denn es ist ja hartkodierter Teil der Kultur. Zumindest wenn die Evolution ihre Arbeit ordentlich gemacht hat.

Denk mal drüber nach: Wenn der Bierbauch bei einem großen Teil der österreichischen Bevölkerung seit Jahrhunderten die vorherrschende Bauchform ist, könnten wir doch zu dem Schluss kommen, dass in jeder Autogarage im Land ein Kalender von biertrinkenden Menschen hängen dürfte. In weißen Unterleiberln, ein Krügerl an den Lippen, während der prall gefüllte, über den Gürtel ragende Bierbauch die perfekte Sprungschanze für den einen oder anderen verlorenen Getränketropfen bildet. Das ultimative Bild österreichischen Fetischismus'. Für mich klingt das nach wissenschaftlicher Beweisführung.

Oder um es prägnanter zu sagen:

Durch die Adern dieses
Alpenlandes fließt Bier.

Wahrscheinlich ist in der österreichischen Nationalhymne in der Zeile »Land am Strome« auch weniger das Wasser und eher das Bier gemeint.

Wasser ist die wichtigste Flüssigkeit in Österreich? Mitnichten. Wenn man genau hinsieht, sollte Bier dem Wasser diesen Rang in vielerlei Hinsicht ablaufen.

Österreich ist schätzungsweise nur einen Schritt davon entfernt, Leitungswasser durch Leitungsbier zu ersetzen. Duschen, Kochen, die frühmorgendlichen Tabletten einnehmen – all das könntest du dann mittels Bier aus dem Wasserhahn tun. Traumhaft!

Beweis A für die Vorherrschaft des Bieres
über das Wasser:

Komm mit zurück auf den Berg. Du wanderst so vor dich hin und hörst plötzlich das fröhliche Gurgeln und Plätschern von Wasser. Du folgst dem munteren Geräusch und gerätst an einen ausgehöhlten Baumstumpf, der jetzt als Brunnen fungiert. Eiskaltes, kristallklares Wasser glitzert darin. Sofort fühlst du den Drang, dein Gesicht hineinzutauchen.

Aber halt! Was schwimmt da in diesem kühlen Nass?

Eiskalte Biere!

Eiskalte Biere, die dich anschreien:

> *»Nimm mich! Nimm mich!*
> *Scheiß auf das Wasser!«*

Sofort ist es dir so kristallklar wie das Bergwasser: Der Brunnen ist nur dazu da, die Biere kalt zu halten, nicht um den Durst der müden Wanderleute zu stillen! Ahh! Das macht einfach Sinn. (Nun, zumindest auf einem österreichischen Berg.)

Beweisstück B:

Ein weiteres Beispiel für die offensichtliche Überlegenheit von Bier über Wasser: Du gehst mit einem Freund, einer Freundin, in eine Bar. Dein Gegenüber hat dir beim Hinsetzen erzählt, dass es gerade auf Alkohol verzichtet. Schön und gut, es gibt hier ja genug Auswahl.

Der Kellner kommt, und was bestellt deine Begleitung?

»Einen sauren Radler, bitte.«

Was zum ...?

Es ist schon verblüffend genug, dass jemand einst auf die Idee kam, ein Getränk aus Bier und Sodawasser zu kreieren.

Noch verblüffender ist aber, dass ...

a) andere Menschen dieses Getränk tatsächlich aus freien Stücken bestellen, bezahlen und konsumieren und

b) dass man in Österreich dieses Getränk offenbar als alkoholfrei versteht.

Einer meiner österreichischen Freunde hat mir das Konzept »saurer Radler« als »gesunde Alternative« für jene Nächte verkauft, in denen man es mit dem Trinken langsam angehen lassen will.

Wieso das so ist? Das Wasser versorgt dich mit Flüssigkeit, während du die richtige Menge Bier im Blut hast, um in Schwung zu kommen.

Ich bitte dich! Als Nächstes wird er mir erzählen, dass sich meine offene Beziehung viel besser anfühlen würde, wäre ich nicht mit einer superheißen Person, sondern mit einem bierbäuchigen, rechtswählenden Scientologen zusammen.

Das würde in etwa gleich viel Sinn machen wie ein saurer Radler – verfickt nochmal gar keinen.

Gut, eine positive Sache gibt es: Zumindest arbeiten im sauren Radler die beiden Faktoren Bier und Wasser harmonisch zusammen. Beide können sich der Liebe des österreichischen Volkes sicher sein.

Ganz anders ist dieses Verhältnis in österreichischen Supermärkten: Dort werden die Wasserflaschen so obergärig wie das Bier, wenn sie sehen, wie eine Bierflasche nach der anderen aus dem Regal gepflückt wird. Wasser trinken heutzutage nur noch Fitnessfreaks und Kinder unter zwölf.

Es kann aber auch sein, dass Bier im Supermarkt aus einem ganz anderen Grund so beliebt ist: Es ist oft billiger als Wasser. (Und na ja ... es ist ja immer noch Bier.)

Während die Amis ihren Big-Mac-Index haben und Frankreich den Inflationsdruck über den Baguettepreis misst, läuten in Österreich die Inflationsalarmglocken, wenn der Bierpreis steigt.

Bier hält Österreich am Laufen. Wenn dieses heilige Getränk also durch steigende Preise gefährdet wird, titeln die Lokalnachrichten gern mit reißerischen Schlagzeilen, als wäre der Weltuntergang nahe:

»Neuer Preisschock! Bald kein Bier mehr unter fünf Euro!«
– Heute

»Über fünf Euro: Bierpreis in der Gastronomie schäumt über!«
– Salzburger Nachrichten

Und als Tropfen, der das Bierfass zum Überlaufen bringt: »Gösser-Radler in Berlin günstiger als in Österreich«. (Hierfür muss man wissen, dass Gösser aus dem steirischen Leoben kommt und bis Berlin eine ziemliche Strecke zurücklegen muss.)

In diesem Artikel auf *oe24.at* schreibt der Journalist weiter: »Das wird auf *X* derzeit heftig von Usern diskutiert!« Sogar die politische Partei NEOS hat sich in die Diskussion auf *X* eingemischt. Das ist clever. Schließlich weiß jeder Berufspolitiker und jede Berufspolitikerin, dass man sich mit soften Themen wunderbar positionieren kann. Während der Pandemie waren das »lebensrettende Medikamente«. Heute ist es eben »Bier«.

Zusätzlich zu der persönlichen Affinität der österreichischen Bevölkerung hat sich auch ein eigener Wirtschaftszweig um das Bier gebildet, immerhin ist der nationale Biermarkt extrem gut gesättigt.

Viele Biermarken und Brauereien sind in den Städten und Gemeinden des Landes entstanden und führen ein langes und gesundes Leben.

214 Brauereien sind heute in Österreich beheimatet

Das bedeutet, dass auf 39.000 Einwohnerinnen und Einwohner eine Brauerei kommt, was Österreich zu einem der Länder mit der höchsten Brauereidichte der Welt macht.

Wer aus dem Ausland kommt und sich diese Zahlen ansieht, wird sich fragen, wie diese Unternehmen alle überleben können.

Abgesehen davon, dass die Bevölkerung Unmengen von Bier trinkt, sind die Menschen in Österreich ihren heimischen Bieren sehr, sehr treu. Das zeigt sich auch an den Craft-Bieren. Diese haben vor einigen Jahren fast global einen großen Trend losgetreten, hatten es aber auf dem österreichischen Biermarkt schwer. Das sah man beispielsweise an Bars, die sich auf Craft-Biere aus der ganzen Welt spezialisiert hatten. In jeder anderen Weltstadt hätten sie vielleicht Erfolge gefeiert, aber hier, im Herzen einer so bierbegeisterten Nation, schlossen die meisten von ihnen bereits wieder. Kaum jemand ist bereit, das eigene Lieblingsbier für eine 0,33l-Dose Pale Ale aus irgendeiner südenglischen Stadt mit dem hochkomplexen Namen »Bicestershire-Wuffradlebone« einzutauschen.

Österreicherinnen und Österreicher sind absolute Nationalisten, wenn es um das Bier geht, das sie trinken. (Das hört sich jetzt nicht positiv an, ich meine es aber so.) Wenn man in einer Stadt oder Region lebt, in der es eine lokale Brauerei gibt (und das ist buchstäblich jede Region in Österreich), dann trinkt man dieses Bier aus tiefster Überzeugung. Es ist dieselbe Art von leidenschaftlicher Loyalität, die Fans für Fußballmannschaften empfinden.

Bierbrauereien haben also Fans wie Fußballmannschaften in Österreich.

Apropos lokale Brauereien und ihre gläubigen Verehrer: Es gibt eine kleine Stadt in Österreich, deren Name das englische Äquivalent zu »free city« ist – Freistadt. Diese Stadt beherbergt die wahrscheinlich einzige Braukommune der Welt.

(Um die genauen Einzelheiten dieser Tatsache zu recherchieren, müsste ich aufhören, das Bier zu trinken, das ich gerade trinke. Das werde ich sicher nicht tun, also müsstest du das selbst googeln. Bittedanke.)

Die Freistädter Braucommune mag zwar das Bild einer Hippiekommune heraufbeschwören inklusive freier Liebe inmitten von Weizenfeldern oder Bierbottichen, aber in Wirklichkeit handelt es sich um eine Bierkommune, die für Kinder geeignet ist.

Alle Familien, die innerhalb der Stadtmauer leben, teilen sich das Eigentum an der örtlichen Brauerei und erhalten einen Jahresvorrat des dort gebrauten Bieres, und zwar kostenlos.

Bei so vielen guten Nachrichten verwundert es mich, dass Freistadt nicht gerade das heimische Äquivalent einer Völkerwanderung erlebt.

Die Braucommune entstand, als eine Gruppe von Bürgerinnen und Bürgern der Stadt Freistadt ein Grundstück außerhalb der Stadtmauern abkaufte. Das war in den 1770er-Jahren – in einer Zeit, wo man seine eigenen Prioritäten noch richtig setzte und statt endlosem Gescrolle auf

Instagram einfach in Harmonie lebte und gemeinsam Brauereien gründete.

Sie planten also die Brauerei – und alle Menschen in den 149 Häusern im Freistädter Stadtzentrum erhielten das Braurecht und schlossen sich zur »Braucommune in Freistadt« zusammen.

Nach der Unterzeichnung des Vertrages zogen sich alle aus und veranstalteten auf dem Stadtplatz von Freistadt eine Orgie gewaltigen Ausmaßes, bei der sich Bier und Körperflüssigkeiten vermischten.

Okay, der letzte Teil ist vom Freistädter Bier inspiriert, das ich gerade trinke. Aber vielleicht, nur vielleicht, erzählt das Bier seine orgiastische Herkunftsgeschichte durch mich, während es durch meine Adern fließt und durch meine Fingerspitzen auf die Tastatur tropft.

Jedenfalls wurden damals die Anteile an der Brauerei in Eimern berechnet.

Ein Eimer ist eine alte Maßeinheit für Bier und entspricht etwa 56 Litern.

Das ist doch eine sehr sympathische Maßeinheit. Die Wiener Börse könnte mit einem Schlag Tausende neuer Aktieninvestorinnen und -investoren gewinnen, würde sie ihre Kommunikation anpassen:

»Der OMV-Kurs schließt heute mit zwei Millionen Biereimern im Plus.«

Biertrinken hat auch viel mit Ritualen zu tun. Das Wichtigste ist das gegenseitige In-die-Augen-Schauen, wenn man sich zuprostet. Wenn du nicht aus Österreich stammst, wird das für dich vielleicht so wirken, als wollte dein einheimisches Gegenüber dich wie eine Art Bierschlangenbeschwörer hypnotisieren. Keine Sorge, er meint es gut mit dir.

Denn wenn man das nicht tut, so der österreichische Aberglaube, ist man dazu verdammt, sieben Jahre lang schlechten Sex zu haben.

Nun, nach all unseren wissenschaftlichen Ausführungen könnten wir zum Schluss kommen, dass die Menschen in Österreich jeden schlechten Sex aushalten werden, solange sie ihr geliebtes Bierchen, Bierli, Seidl oder Krügerl in den Händen halten. Und das mindestens bis auf 2.600 Meter Höhe.

Cash Only!

Nach der Aufschrift »Welcome to Austria«
sollte in der Ankunftshalle am Flughafen
Wien Schwechat noch stehen:
*»**no cards, cash only**«.*

Österreich liebt sein Bargeld. Es polarisiert und Politik wird damit gemacht. Viele Menschen haben Angst, dass ihr Bargeld eines Tages nicht mehr akzeptiert wird. Sogar ein Volksbegehren »Für uneingeschränkte Bargeldzahlung« wurde von über einer halben Million Menschen unterschrieben. Wer jetzt denkt »Moment mal, was ist Bargeld überhaupt? Wir leben doch im 21. Jahrhundert. Es ist das Jahr 2024. Ich kann mit meiner Armbanduhr, die mit meinem Bankkonto gekoppelt ist, bezahlen, ich brauche kein Bargeld«, ist in Österreich an der falschen Adresse. In Zeiten von Kryptocoins, NFTs, Paypal-Überweisungen und kontaktlosem Zahlen halten sich Papierscheine und Metallmünzen ganz schön wacker im Alpenland. Übrigens auch in Deutschland. Diese Nachmacher! Reicht es nicht, dass sie uns einen Weltkrieg nachgemacht haben? Sorry, ich drifte ab!

Bargeld ist ein Heiligtum. Tausende Male musste ich, als ich in einem Lokal mit der Karte zahlen wollte, schon den österreichischen »Walk of Shame« gehen. »Sorry, no cards, cash only«, sagte die Kellnerin und ich machte mich schon auf die Reise zum nächsten Bankomaten. Ganz viele Bars, Lokale, Kaffeehäuser und Restaurants akzeptieren nur Bargeld. »No

cards, cash only« steht auch an vielen Kreidetafeln vor Lokalen, gleich unter »Herzlich willkommen«. **Sehr einladend.**

Ein österreichisches Phänomen ist auch die Herangehens-
weise, dass die Kartenzahlung erst ab zehn Euro möglich ist.
Hierbei handelt es sich aber um keine geheime kapitalistische
Sperre der Banksysteme, sondern um eine willkürliche Zahl,
die viele Gastronomiebetriebe als Richtwert gesetzt haben. Es
heißt nicht, dass das Kartenlesegerät alles unter zehn Euro
nicht lesen kann oder es im System nicht abgerechnet wird.
Es bedeutet nur, dass es unter zehn Euro für viele die Mühe
nicht wert ist, die Extra-Arbeit zu tun. Oder sie wollen die ein
bis drei Prozent Gebühren, die sie abgeben müssten, nicht bezahlen. Selten, aber manchmal geht das »System« plötzlich
doch auch unter zehn Euro. Aber nur dann, wenn der Bank-
automat zu weit weg ist oder der Kellner schnell abrechnen
und nach Hause gehen möchte.

Ich habe 2019 ein Jahr in Barcelona gelebt. Dort konnte
ich absolut alles mit der Karte bezahlen. Völlig egal, welchen
Preis. Kaugummi für siebzig Cent – kein Problem. Eine Rose
für einen Euro von einem Straßenverkäufer – kein Problem.
Ein Kilo Äpfel für drei Euro am Bauernmarkt – kein Problem.
Ich habe sogar Bettler und Straßenmusikerinnen gesehen,
die Kartenzahlung oder PayPal-Überweisungen akzeptieren.
No Joke! In Wien wurde ich einmal von einer Bettlerin nach
Geld gefragt. Ich sagte: »Entschuldigung, ich habe leider kein
Kleingeld.« Sie antwortete: »Nix Kleingeld Oida, hast kan

Zehner, du Oaschloch!« Damit hatte sie absolut recht. Spendet Scheine, ihr Schweine! Was ich mit dieser komischen Geschichte irgendwie sagen will, ist, dass Österreich schon Kartenzahlung akzeptieren kann. Technisch sind wir absolut in der Lage. Viele wollen aber keine Kartenzahlung akzeptieren. Was das jetzt mit der Wiener Bettlerin zu tun hat, weiß ich auch nicht genau. Ich fand die Story nur witzig.

Anyway. Warum wollen immer mehr Menschen und Betriebe nur noch Cash akzeptieren? Das hat mehrere Gründe. Die Top drei meiner Meinung nach sind Trinkgeld, Schwarzgeld und Aufwand:

Trinkgeld: Der Satz »Nur Bares ist Wahres« könnte ein Unterarm-Tattoo vieler Kellner sein. In Österreich wird Trinkgeld gegeben. Komme, was wolle. War der Service im Restaurant schlecht, wird trotzdem Trinkgeld gegeben. Vielleicht weniger, aber zehn Prozent sind meistens Pflicht. Beim Bier wird aufgerundet und beim Mittagessen ein wenig addiert. Es ist ein ungeschriebenes Gesetz. Kein Trinkgeld zu geben wird als unhöflich, frech und garstig angesehen. Trinkgeld geben ist so standardisiert, dass manche Menschen sogar zurück ins Restaurant gehen, falls sie es vergessen haben.

Ich habe selbst viele, viele Jahre in der Gastronomie gearbeitet und kann wie so viele andere Kolleginnen bezeugen, dass bei Kartenzahlungen tendenziell weniger Trinkgeld gegeben wird. Dazu landet das Geld nicht gleich bei dir in der Tasche oder wird überhaupt nicht gegeben. Ich möchte mit euch jetzt nicht darüber streiten, ob Trinkgeld geben überhaupt angemessen ist oder nicht. Da muss jeder für sich seinen Weg finden.

Diese Diskussion hatte ich mit Freunden aus Spanien schon, die deutlich weniger bis kein Trinkgeld geben. »Warum sollte ich mehr bezahlen?« »Ich bekomme als Lehrerin auch kein Trinkgeld von den Kindern oder Eltern, obwohl ich auch meinen Job mache.« »Schlecht bezahlt sind wir alle.« Klar ist, dass das Trinkgeld in vielen (handwerklichen) Berufen in Österreich dazugehört. Ob Friseure, Handwerkerinnen, Reinigungskräfte, Lieferdienste aller Art, Zivildiener, Taxlerinnen, Rezeptionisten oder Drogendealer. Viele können sich damit am Ende des Jahres einen Urlaub finanzieren oder sogar ihre monatliche Miete bezahlen. Wahrscheinlich wird es auch deswegen so vehement durchgezogen. Denn wenn alle nur noch mit der Karte zahlen würden oder könnten, würde vielleicht das österreichische Wirtschaftssystem einbrechen.

Stellt euch vor, der österreichische Verband der Drogendealer ruft zum Protest auf. Straßen werden gesperrt. Auf den Schildern steht geschrieben »no cash, no drugs«, »Ohne uns gibt es keine weißen Weihnachten« oder »Cash, Cash, Kokain«.

Schwarzgeld: Ein weiterer Grund dafür, warum die Barzahlung in Österreich so einen großen Stellenwert hat, ist das Schwarzgeld. Es reiht sich neben dem Trinkgeld ein, das technisch gesehen unversteuertes und geschenktes Geld an die Arbeitskraft ist. Monatlich kann es zu einem ordentlichen Sümmchen heranwachsen. Dieses Geld möchte man meistens auch nicht zur Bank tragen, sondern leise, still und heimlich ausgeben. Es ist keine Seltenheit, dass Handwerkerinnen, völlig egal, ob kleine Konditorei um die Ecke, Friseurgeschäft nebenan oder KFZ-Betrieb, fragen, ob sie die Arbeit mit oder ohne Rechnung machen sollen. Mit Rechnung bedeutet mit Steuern, offiziell und teurer. Ohne Rechnung bedeutet ohne Steuern, nicht offiziell und billiger für beide Parteien. Das nennt man dann »pfuschen«. Pfuschen bedeutet dabei aber auch Arbeit mit geringerem Wert. »Nicht offiziell« bedeutet, dass du nicht klagen kannst, wenn die Therme schlecht installiert wurde und am Abend zum Tropfen anfängt. Du kannst nicht klagen, weil du keine Rechnung hast. Keinen Beweis. Dieses Prozedere ist gang und gäbe in Österreich.

Wir sind ein Sozialstaat, in dem sehr viel und hoch besteuert wird. Dieser kollektive Gedanke von »dem Staat schenkt man sowieso schon viel zu viel« hat sich in der Bevölkerung fest verankert. So sind wir. Gern die Steuern für sich selbst verwenden, aber ungern zahlen und dafür sparen. Beim Pfuschen kommt sehr viel Geld zusammen. Dieses Geld soll aber nicht versteckt und unter einer Fichte vergraben werden, sondern will auch ausgegeben werden. Die eine Hand wäscht somit die andere.

Aufwand: Dieser Grund wird dann oft hergenommen, um die obigen Punkte zu rechtfertigen. Es ist ja viel mehr Aufwand, am Ende des Tages die Abrechnung zu machen. Jede Rechnung und Zahlungsbestätigung muss aufbewahrt werden. Alles muss nachvollziehbar sein. Wurde etwas im System beim Abkassieren falsch eingegeben oder ein Zettel verschlampt, muss man stundenlang herumtüfteln, bis am Ende alles Sinn ergibt.

Diese ganzen potenziellen Fehlerquellen will man bei der »Cash-only-Variante« ausmerzen. Deswegen gibt es einfach nur Bargeld und aus. Trinkgeld taucht sowieso nicht auf und Bankwege werden reduziert. Du hast eine Kassa und eine Abrechnung. Dadurch gibt es kein technisches System, das spinnen kann, und keine Zahlung, die abgewiesen wird. Nur unzufriedene Gäste und Touris, die sich verzweifelt auf die Suche nach einem Bankomaten begeben müssen. Ich liebe Bargeld. Ich hab's aber nie eingesteckt. Maximal einen Notfallzehner. Damit kommst heute aber nicht mehr weit.

Apropos Cash!

»Mit de Einmalzahlungen können's scheißen gehen.« Mit dieser Aussage schaffte es Reinhold Binder zum Spruch des Jahres 2023. Er ist der Chefverhandler der Metallgewerkschafter und verhandelt mit den Arbeitgeberinnen den Kollektivvertrag der Metaller. Dieser zählt als richtungsweisend für andere Branchen in Österreich.

Okay, über Geld spricht man nicht in Österreich. Über das nächste Kapitel auch nicht wirklich!

Sex und Dating
in Österreich

»Das mit dem Kondom haben wir an einer Banane gelernt.«

Sex- und Dating-Podcasterin Leonie-Rachel Soyel beschreibt den Sexualkundeunterricht während ihrer Schulzeit.

»Oh, und dann haben sie uns auch noch ein Video gezeigt, das wie ein Softcore-Porno aus den 1970ern aussah. Aber warum eine Banane? Das ist so seltsam!«, sagt Leonie.

Eigentlich ein gutes Argument. Nur wenige Österreicherinnen und Österreicher praktizieren safen Bananensex. Unter anderem, weil man von Bananen nur sehr selten schwanger wird.

»Sie könnten doch einfach Sexspielzeug benutzen, oder?«, fügt Leonie hinzu.

»Alles eine Frage des Geldes«, antworte ich. »Die Schulbudgets können sich wahrscheinlich nicht in jedem Klassenzimmer Vibratoren leisten. Die sind ja schon bei iPads knapp bei Kassa.«

Und mal ehrlich: So gut wie die Kinder auf die Schulhamster und Springmäuse aufpassen, kann man denen kein anspruchsvolles technisches Gerät anvertrauen. Stell dir das mal vor – 25 Schülerinnen und Schüler, die mit dem Satisfyer Pro 3 herumspielen, wenn die Lehrkraft gerade nicht hinschaut. (Mit »herumspielen« meine ich nicht das, was du vielleicht denkst, sondern ein amüsantes Zweckentfremden – etwa indem sie den Vibrator als Laserschwert einsetzen.)

Ich nehme jetzt einfach mal an, dass auch du zu den Generationen gehörst, die im Sexualkundeunterricht fruchtige

Unterstützung erhielten? Dafür schlägst du dich doch super! Klopf dir mal selbst auf die Schulter oder wohin du sonst gern möchtest.

Die Zahl der Teenager-Schwangerschaften ist über die Jahre hinweg relativ stabil geblieben, das österreichische Volk scheint ein gesundes Verhältnis zu Bananen zu haben, und einigen neueren Umfragen zufolge sind sie eine sexuell zufriedene Nation.

Dem widersprechen allerdings die Interviews, die ich für dieses Kapitel mit Menschen auf Tinder geführt habe.

Wieso Interviews? Weil ich dieses Kapitel nicht ausschließlich auf meine Erfahrungen mit Österreicherinnen stützen kann. Das wäre unwissenschaftlich und die Stichprobe viel zu gering, um valide Aussagen zu tätigen.

Aber fangen wir mal mit meinen Erlebnissen an, bevor wir zu den Interviews kommen:

Ich war mit einer Frau zusammen, die mich eines Morgens nach dem ersten Date mit Pfefferspray geweckt hat. Sie war Künstlerin und wollte einen verletzlichen, weinenden Mann malen. Ich habe sie mich malen lassen, verstehe aber bis heute nicht, warum sie nicht einfach Zwiebeln verwendet hat.

Dann war da noch dieses eine Mädchen, das nach einem One-Night-Stand eine Woche lang mein Wohnzimmer besetzte. Sie wollte einfach nicht gehen! Ich musste einen Freund holen, der sich als Polizist ausgab und sie aus dem Wohnzimmer verwies, nachdem er sie mit einem Haufen fiktiver Gesetze bedroht hatte. Ja, das hat er wirklich getan. Und nein, sie war nicht obdachlos. Sie brauchte nur eine Auszeit von ihrem Ex, der wiederum ihre Wohnung besetzt hielt.

Das sind jetzt nur zwei Österreicherinnen, mit denen ich ausging.

Ich bin mir sicher, dass sie nicht den Durchschnitt der Bevölkerung widerspiegeln.

Und deshalb habe ich ein wenig recherchiert:

Ich habe Profile auf den Dating-Apps Hinge und Tinder angelegt und Dutzende von Menschen zu ihren Dating- und Sexerfahrungen in Österreich befragt.

Ich habe auch die Sex- und Dating-Podcasterin Leonie-Rachel Soyel (Co-Host des Podcasts *Couchgeflüster*) interviewt, die dem Thema eine sachkundigere, weibliche Perspektive verleiht.

Außerdem habe ich mit Georg Petermandl, Influencer alias *@georgsgallery*, gesprochen, der Co-Moderator des Dating-Podcasts »Einer geht noch« ist. Er gibt Einblicke, wie die österreichische Dating- und Sexszene in der LGBTQIA+-Community aussieht.

Aus irgendeinem Grund haben sich
die Menschen in Österreich den Ruf
eingehandelt, das komplette Gegenteil
zu den Liebenden aus Frankreich und Italien
zu sein, die als sehr leidenschaftlich gelten.

Oder anders gesagt: Wären Frankreich und Italien Nachbarn von Österreich, würden sie den ganzen Tag lang splitternackt im Garten arbeiten, breitbeinig Unkraut rupfen und hinter dem Gartenhäuschen lautstark Sex haben. Und das bis tief in die Nacht hinein, sodass Österreich jede Woche mindestens dreimal die Polizei rufen müsste.

Wenn es darum geht, mit österreichischen Männern aus-zugehen, denke ich, dass Leonie-Rachel den Ruf des Landes am besten auf den Punkt gebracht hat: **»Mit einem Fran-zosen auszugehen, ist wie die ganze Zeit Desserts zu es-sen, während man einen Österreicher mit einer großen Schüssel Gulasch vergleichen kann.«**

Einige Österreicher werden dieses Sinnbild als Kompli-ment auffassen. Vor allem, wenn es um ein Gulasch geht, das nach Omas speziellem Geheimrezept zubereitet wurde.

Dabei sind die österreichischen Männer doch jederzeit attraktive und vorzeigbare Begleiter. Hast du schon einmal einen Österreicher beim Walzer gesehen? Wie er seine Hüf-ten bei den Seitenschritten des Boxsteps bewegt und über die Tanzfläche gleitet? Man sagt, Tango und Salsa seien sexy Tänze, die von leidenschaftlichen Menschen getanzt werden, aber dem steht der Walzer doch in nichts nach!

Zwischen dem perfekten Boxstep und Sex besteht dann auch kein großer Unterschied: Langsam, schnell, schnell und zweimal wiederholen. Manche Männer sind danach schon fertig – und das ist keine Schande. Schließlich gibt es ja auch

Frauen, die es begrüßen, wenn der Akt sich nicht allzu lange hinzieht.

Aber kommen wir doch auf die Gerüchte zurück, die darüber kursieren, wie Österreicherinnen und Österreicher flirten, sich verabreden und ficken.

Ein Spanier, den ich interviewt habe, fand es sehr lustig, den Datingprozess in Österreich so zu beschreiben:

»Zuerst musst du eine Genehmigung von der Dating-Behörde einholen, um das erste Date zu vereinbaren.

Bevor man beim ersten Date miteinander schläft, muss man zudem eine Einverständniserklärung von beiden Parteien unterschreiben lassen und zur Bearbeitung einreichen. Den definitiven Bescheid erhält man innerhalb von acht bis vierzehn Werktagen. Außerdem musst du alle Formulare ausdrucken und im Original zum Termin mitbringen. (Nur digital am Handy reicht leider nicht.) Zungenküsse sind damit leider nicht abgedeckt. Dafür gibt es ein extra Formular!«

Klar, er macht hier eindeutig Witze. Aber man merkte ihm an, dass er die Österreicherinnen und Österreicher beim Daten als etwas steif empfindet.

Eine Tirolerin, die ich auf Hinge interviewt habe, hat mich zum Lachen gebracht. Sie hat nämlich das österreichische Paarungsritual auf dem Lande wie eine Naturdokumentation beschrieben. Etwa so, als würde der großartige »Crocodile Hunter« Steve Irwin neben dem Paar stehen und eine professionelle Tonspur zum dramatischen Bild des Lebens beisteuern:

»Hier sehen wir den österreichischen Paarungstanz in seiner ganzen Pracht. Das Männchen bereitet sich auf sein Stelldichein vor, indem es große Mengen an Alkohol trinkt. Crikey! Seht ihn euch an!

Das zweite Männchen hat Lunte gerochen und versucht nun, seinen eigenen Alkoholkonsum drastisch zu erhöhen. Das bestialische Kräftemessen der Trunkenbolde hat begonnen.

Das Weibchen wählt seinen Partner aus, indem es beurteilt, wer noch steht, sich nicht vollgepisst oder angekotzt hat oder in einer Ecke ohnmächtig geworden ist. Das ist wirklich ein Fest für die Sinne!«

Der Großteil Österreichs spielt das Fickspiel genauso verstandlos wie der Rest der Welt: Alle versuchen, sich an Intimität und Körperflüssigkeiten zu sättigen. Mancher Sex entsteht aus Liebe, mancher einfach nur, weil man betrunken und das Angebot ansehnlich ist.

Aber nach meinen tagelangen Recherchen gibt es eindeutig Dinge, die Dating und Sex sehr österreichisch machen, bei meinen Interviews zu diesem Thema haben sich einige Muster herauskristallisiert.

Online-Dating-Apps sind ein Gewinn für die österreichischen Suchenden. Denn sie sprengen den klassischen Pick-up-Prozess.

In Österreich einen Menschen auf der Straße flirtend anzusprechen und neben einem Menschen in einem engen Lift zu furzen ruft genau die gleichen Reaktionen hervor: Dein Gegenüber wird dich fragend ansehen – und dann wird die Situation euch beiden unangenehm sein.

Wenn man in Österreich den Partner oder die Partnerin nicht bereits seit der Schule kennt, lernt man diese besonderen Menschen entweder über Freunde oder am Arbeitsplatz kennen.

Oder eben über Dating-Apps.

Aber immer mit Hintergedanken:

»Geflirtet wird in Österreich nur, wenn man ein klares Ziel vor Augen hat«, so Leonie-Rachel.

Wenn man flirtet, will man ficken.

Das mag für viele, die das hier lesen, verständlich erscheinen. In anderen Kulturen wird das Flirten allerdings als eine Art Spiel zwischen Erwachsenen verstanden.

»Menschen in Frankreich und Italien flirten, weil es Spaß macht. Hier in Österreich flirtet man nur, wenn man damit etwas erreichen will.«

Leonie erzählt von einem Erlebnis, das sie in Paris hatte:

»Ich stand in einer der längsten Schlangen vor einer Bäckerei, die man sich vorstellen kann. Als ich an der Reihe war, hat sich der Franzose hinter der Theke trotzdem Zeit genommen, mit mir zu flirten. Und niemand hat etwas gesagt! Kannst du dir das im Billa vorstellen? Eine Kassiererin könnte nicht eine

Sekunde flirten, ohne von jemandem am Ende der Schlange angeschrien zu werden.«

Ich kann es mir nur allzu lebhaft vorstellen, die wütenden Rufe vom Ende der Schlange:In Österreich wird also nur zur Zielerreichung geflirtet? Sag bloß, dass die Menschen in diesem Land auch beim Flirten überaus praktisch veranlagt sind!

Das zeichnet zwar ein kaltes, unromantisches Bild von den Österreicherinnen und Österreicher. Wenn allerdings eine Billa-Kassiererin das Warenband anhält, um mit einem Kunden zu flirten, kann ich mir auch nur vorstellen, dass jemand von hinten »Heans, tuan's weiter, mei Brokkoli taut auf!« schreit.

Georg bestätigt die gleiche Realität als schwuler Mann, der in Wien lebt:

»Ich glaube, ich bin in meinem Leben vielleicht fünfmal angesprochen und angeflirtet worden. Maximal. Allerdings bin ich auch eher abweisend, wenn jemand auf mich zukommt und mit mir flirten will.«

Auf meine Frage, warum das so ist, antwortet er: »Österreicher sind einfach nicht gut im Smalltalk. Und das ist ja, was gutes Flirten ausmacht. Zudem sind viele Männer in der Öffentlichkeit eher schüchtern. Ich mitgezählt. Wenn mich jemand nach dem Weg fragt, gehe ich gleich in den Verteidigungsmodus: Warum fragt diese Person ausgerechnet mich nach einer Wegbeschreibung?«

Laut Georg sind die Wienerinnen und Wiener in dieser Situation sogar noch schlimmer:

»Menschen in Wien sind immer in ihren Gruppen unterwegs. Sie sind schwer zu knacken. Sie bleiben in ihrem sicheren Raum. Ich habe sogar das Gefühl, dass ich Männer richtiggehend davon überzeugen muss, sich mit mir zu verabreden.«

Etwas mehr Proaktivität würde uns also guttun. Vielleicht sollten wir beginnen, locker auf Menschen, die uns gefallen, zuzugehen. Und ihnen dann mit einer komplexen Power-Point-Präsentation unsere eigenen Vorzüge zeigen.

Georg berichtet, dass Online-Dating-Apps zwar das Kennenlernen einfacher machen, aber durch die viele Auswahl auch keine verbindlichen Zusagen mehr zu erwarten seien.

»Grindr ist ein Highway für Dates, Sex und Nachrichten. Es gibt so viele Möglichkeiten, dass sich niemand festlegt. Bis zur letzten Sekunde, bevor ein Date beginnt, weiß man nicht, ob es überhaupt zustande kommen wird.«

Interessant ist an dieser Stelle auch ein Vergleich zwischen Österreich und Australien, denn verglichen mit zweiteren scheinen sich die Menschen in Österreich mit ihrem Körper und Sex viel wohler zu fühlen. Besonders die Frauen.

Sex bei der ersten Verabredung ist in Österreich normal, weil Sex und Geschlechtsteile den Menschen hier keine Angst machen. Es ist einfach keine so große Sache.

Leonie-Rachel ist eine vertrauenswürdigere Stimme, wenn es um dieses Thema geht. Sie sagt, dass Sex beim ersten Date zwar völlig normal wäre, das Thema Sex aber immer noch ein Tabu sei.

»Sex ist in Österreich definitiv kein offenes Thema. Das ändert sich zwar, aber in der Öffentlichkeit spricht man nicht darüber. Es ist ein Tabuthema, selbst in den meisten Freundeskreisen.«

Georg sagt, dass es in der LGBTQIA+-Gemeinschaft genau andersherum sei: »Wir ficken herum und dann erzählen wir jedem davon, der es hören will.«

»Sex beim ersten Date ist wie
Kaffee trinken gehen«, sagt Georg.

»Wir sind super offen mit dem Thema. In meinem Freundeskreis reden wir immer über Sex, nonstop. Ich weiß von allen, was sie tun, und sie wissen alles von mir.«

In der LGBTQIA+-Gemeinschaft sei es nicht nur normal, über Sex zu reden. Es sei auch komplett üblich, mit jemandem Sex zu haben und danach mit ihm befreundet zu bleiben.

»Sex zu haben und dann Freunde zu werden ist etwas, das wir in der schwulen Gemeinschaft sehr gut können«, so Georg.

Beim Sex lernen sich Schwule und Lesben kennen.

Von Leonie zu hören, dass viele Österreicherinnen und Österreicher beim Thema Sex etwas verklemmt sind, hat mich zunächst überrascht. Dann musste ich daran denken, wie ich ein paar Wochen zuvor reagiert hatte.

Meine Fünfjährige brachte ein Buch über Sexualkunde für Kinder aus der Bibliothek mit nach Hause. Ich blätterte darin und stolperte über das Kapitel »Liebe machen«.

Darin war zu lesen:

»Wenn Erwachsene ineinander verliebt sind, möchten sie mehr als küssen und streicheln. Meistens ziehen sie sich dann aus und kuscheln sich aneinander.«

Oookay. Man sagt ja, dass wir alle unser kindliches Selbst noch immer in uns tragen. Nun, an diesem Punkt hyperventilierte mein prüde erzogenes Kinder-Ich.

Es ging weiter: »Der erigierte Penis des Mannes gleitet in die Scheide der Frau. Das ist für beide ein wunderschönes Gefühl.«

An dieser Stelle hörte ich auf zu lesen. Offiziell, weil ich schockiert war darüber, dass meine Fünfjährige etwas über Sex lernte. Inoffiziell, weil ich mir nicht sicher war, ob man in Österreich zu einem Kinderbuch masturbieren darf.

Die meisten österreichischen Liebesgeschichten beginnen mit Spritzer oder Bier.

Es hört sich reduktiv an, aber: Die richtige Menge Alkohol macht uns alle lockerer. Die Gespräche laufen flüssiger und interessanter. Und damit trägt die Suche nach einer neuen Liebschaft viel eher Früchte.

Zudem senkt Alkohol die Hemmschwelle und verleiht uns ein Selbstbewusstsein, als wären wir die Hauptfiguren in unserer eigenen Liebeskomödie.

Wahrscheinlich zieht sich Alkohol deshalb auch wie ein roter Faden durch den gesamten Dating-Prozess in Österreich. Wie Gabriel es wortgewandt ausdrückte: »Erst knallt man sich weg, und dann knallt man einander.«

»In Österreich geht man erst auf einen Drink, 99 Prozent der Zeit wollen die Leute etwas trinken gehen«, sagt Leonie.

»Alkohol spielt eine große Rolle beim österreichischen Dating. Man verbindet sich durch Alkohol, weil die Hemmungen weg sind. Alkohol beschleunigt den Dating-Prozess. Man lässt schneller die sozialen Masken fallen, geht tiefer und hat schneller Sex, als wenn man den Alkohol aus der Gleichung herausnimmt.«

Leonie erzählt, dass sie im Ausland unterschiedliche Erfahrungen mit anderen Nationalitäten gemacht hat.

Aber in Österreich geht man nur etwas trinken.

In der Zwischenzeit sagt Georg, dass er jeden Park in Wien kennt, weil es in der schwulen Community üblich ist, sich einen Kaffee zu holen und spazieren zu gehen.

»Die Menschen in Österreich lieben es, spazieren zu gehen. Es ist auch eine praktische Aktivität für ein Date, da man sich der Zweisamkeit leicht entziehen kann.«

Ich stelle mir Georg bei einer schiefgelaufenen Verabredung vor: Sein Date bückt sich gerade nach einem hinuntergefallenen Papiertaschentuch. Georg nutzt den Augenblick und sprintet über ein angrenzendes Feld in Richtung Freiheit.

Die Österreicher sind das am meisten geghostete Volk der Welt

Ich habe keine Ahnung, ob das wahr ist. Aber ich habe für dieses Kapitel wirklich mit vielen Menschen gesprochen. Und alle von ihnen sind schon mindestens einmal geghostet worden.

Ghosting ist in diesem Land leider weit verbreitet. Und das aus gutem Grund. Denn sowohl im Beruf als auch im privaten Umfeld werden schwierige Gespräche gern vermieden.

Die Österreicherin Sabrina, mit der ich auf Hinge gechattet habe, erzählte mir, dass sie von dreißig Dates im letzten Jahr 18 Mal geghostet wurde. Als ich sie frage, woran das ihrer Meinung nach liegt, meint sie: »Österreichische Männer können nicht offen über ihre Gefühle sprechen, weil es ihnen nie beigebracht wurde.«

Vielleicht hast du dich im ersten Affekt auch gefragt: »Oder vielleicht ist es deine eigene Schuld, Sabrina?« Das ist leider die vorhersehbare Antwort, wenn eine Frau beteiligt ist. Aber Sabrina war bei weitem nicht die Einzige. Jede einzelne Person, die ich interviewt habe, sprach über die österreichische Ghosting-Epidemie.

»Es scheint, als hätten die Eltern ihren Millennial-Kindern in Österreich beigebracht, dass man Emotionen besser unterdrücken soll. Vor allem den Jungs. Dass man sich als erwachsener Mensch am besten selbst helfen und die eigenen Gedanken leise ertragen soll. Das führt zu einer Menge passiv-aggressivem Verhalten«, erklärt Sabrina.

Auch Georg bestätigt, dass diese Angewohnheit weit verbreitet ist und er sie für einen typisch österreichischen Zug hält.

»Ich bin oft geghostet worden. Ich glaube, das ist eine österreichische Eigenart. Wir halten die Konfrontation nicht aus. Ich glaube, diese Leute wollen nicht unhöflich sein und jemanden verletzen – ohne zu realisieren, dass Ghosting noch verletzender ist.«

Sie schicken dir am Montag ein Dickpic und tun dann am Dienstag auf einer Party so, als würden sie dich nicht kennen.

Georg sagt, dass österreichische Männer in der Öffentlichkeit einfach schüchtern seien. Das könnte ein Schutzmechanismus sein, um in keine unangenehme Situation zu geraten, da sie unbeholfene Gesprächspartner sind.

Leonie bestätigt das:

»Einen Österreicher zu daten kann schwierig sein, da es wenig direkte Kommunikation gibt und vieles unklar bleibt. Man wird im Ungewissen gelassen. So weiß man nicht genau, was sie wollen. Da stehen dann eine Menge mixed Feelings im Raum.«

Und dann tut Leonie etwas Gewagtes: Sie vergleicht österreichische Männer mit deutschen Männern:

»Viele der Deutschen, mit denen ich ausgegangen bin, sind extrem direkt. Ich bin mal mit einem Mann ausgegangen, der gleich beim ersten Date sagte: ›Wann hast du nächste Woche Zeit? Ich würde dich gern wiedersehen.‹ Das war eine neue und erfrischende Erfahrung.«

Für mich fühlt sich das an, als würde er das nächste Date wie eine Wurzelbehandlung beim Zahnarzt buchen, aber gut. Jeder Aspekt einer Beziehung wird davon bestimmt, wie gut beide miteinander kommunizieren können. Das gilt auch für den Sex.

Wahrscheinlich ist der Piefke auch beim Dirty Talking faktentreu und technisch korrekt unterwegs:

»Ich werde deine Brustwarze gegen den Uhrzeigersinn massieren, um sie maximal zu stimulieren. Mein Penis ist im Moment zu sechzig Prozent erregt. Im Bereich der Hoden ist mehr Stimulation erforderlich.«

Dagegen erscheint vielleicht die österreichische Vorgehensweise wie der Versuch, eine IKEA-Anleitung kopfüber zu lesen.

Sei also nicht zu hart zu dir selbst, wenn du dich im Bett dabei ertappst, wie du »Gib's mir, du geiler Tausendfüßler!« stöhnst.

Laut meinen Befragten gibt es beim Sex oft keinen Dirty Talk – oder überhaupt kein Gerede.

Nur eine Salzburgerin erzählte mir von diesem Austausch:

Er: »Gib mir Tiernamen!«

Sie: »Schmetterling.«

Er: »Gib mir böse Tiernamen!«

Sie: »Du böser Schmetterling!«

Ich habe eine Idee, wie wir diese Kommunikationspanne im Schlafzimmer für alle lösen können:

Das österreichische Kamasutra

Diese selbstkreierte österreichische Variante des altindischen Sanskrit-Textes über Sexualität, Erotik und emotionale Erfüllung im Leben wäre voll von Stellungen und Bewegungen, mit denen sich Menschen in Österreich besonders gut identifizieren können.

Zum Beispiel die Eierpecken-Technik, bei der du zwei Eier eines Mannes so lang gegeneinanderschlägst, bis ihn eines mehr schmerzt als das andere.

Oder die Wiener Bushaltestelle. Während du wild masturbierst, muss dein Gegenüber aus dem Wohnzimmer ins Schlafzimmer rennen und dich erreichen, bevor du kommst.

Oder Depf klopfen. (Funktioniert ähnlich wie das Partyspiel Topfklopfen.)

Oder die Position »Bitte zwanzig Deka Extrawurst«. (Da ladet ihr euch einfach den Hausmeister dazu ein.)

Oder den René Benko. Quasi der Doggystyle mit neuem Namen. Man spricht sich gegenseitig mit »Steuerzahler« an und wird ständig von hinten gefickt.

Oder der Tom Turbo – das ist der vorzeitige Samenerguss.

Ich könnte noch ewig so weitermachen.

Österreicherinnen und Österreicher brauchen meine Hilfe nicht, wenn es um Sex geht. Sie sind im Allgemeinen »happy fuckers« – im wahrsten Sinne des Wortes!

Laut einer Studie aus dem Jahr 2021[18] haben die Menschen in Österreich regelmäßig Sex und sind generell sexuell sehr zufrieden.

Mehr als drei Viertel der Paare sind sehr oder eher zufrieden mit ihrem Sexualleben.

Am besten geht es den Steirerinnen und Steirern im Bett: 85 Prozent geben an, ein erfülltes Sexualleben zu haben. Knapp dahinter folgen die Menschen in Kärnten mit 83 Prozent.

Den letzten Platz belegten die Menschen in Wien mit 69 Prozent.

[18] Die bevölkerungsrepräsentative Studie wurde von Marketagent.com im Auftrag der Dating-App parship.at durchgeführt. Vom 23. November bis 2. Dezember 2021 wurden 1.500 Österreicherinnen und Österreicher zwischen 18 und 69 Jahren, die in einer Beziehung leben, befragt.

In Anbetracht des enormen Unterschieds in der sexuellen Zufriedenheit sollte die Steiermark Seminare darüber geben, wie man in Wien ein erfülltes Sexualleben haben kann.

Während die Landbevölkerung Österreichs häufiger Sex hat als die Leute in den Städten, strömen laut Leonie viele von ihnen in die Stadt zu sexpositiven Partys.

»Ich bin regelmäßig Türsteherin bei solchen Partys. An der Tür entscheide ich über den Einlass der Gäste und stelle sicher, dass sie aus den richtigen Gründen dort sind. So habe ich schon viele Leute vom Land getroffen«, erklärt Leonie.

»Wenn ich sie frage, warum sie für die Party angereist sind, sagen sie meistens eines von zwei Dingen: Dass es auf dem Land keine solchen Partys gebe ODER dass sie alle in ihrer Heimatstadt kennen, sodass eine sexpositive Party unangenehm wäre. Und wir reden hier von Leuten, die auch aus Salzburg und Graz kommen.«

Graz ist so, als hätten Wien und Salzburg ein Kind miteinander gezeugt und sich bei der Einschulung dann doch dafür entschieden, es auf eine coole Schule mit Kunstzweig zu schicken, anstatt ins konservative, christliche Burschen-Internat.

Und dann ist da noch die ganze superromantische[19] Sache mit der geteilten Rechnung.

»Ja, das Bezahlen ist ein Problem. Das muss der unsexieste Moment eines jeden Dates sein«, lacht Leonie.

Ich stimme Leonie zu. Stell dir vor, du hast ein Traum-Date, bist auf Wolke 7, mit tollen Gesprächen und dem richtigen Flirt als Wind unter deinen Flügeln, und dann kommt die Kellnerin mit der Rechnung. »Getrennt, bitte.«

»Meine Damen und Herren, hier spricht Ihr Kapitän. Wir sind im Begriff, eine Bruchlandung hinzulegen. Legen Sie bitte jetzt Ihre Sicherheitswesten an und setzen Sie Ihre Sauerstoffmasken auf.«

Mit Glück landet man bei der Bruchlandung inmitten der Genitalien des Gegenübers, aber diese Geldsache kann ein Date wirklich bestimmen.

Eine australische Freundin von mir lebte mit ihrem österreichischen Freund zusammen, der ihr jeden Monat eine Rechnung für die Hälfte aller gemeinsamen Ausgaben schickte. Kein Witz, es war eine Rechnung! Mit einem Fälligkeitsdatum darauf!

---

[19] Anmerkung: Dieser Satz enthält ein radioaktives Maß an Sarkasmus.

In Österreich ist es in Ordnung, schwul oder queer zu sein, aber bitte mach's leise

Wann hast du in Österreich das letzte Mal ein gleichgeschlechtliches Paar gesehen, das in der Öffentlichkeit Händchen gehalten hat? Kein Stress, denn ich kenne die Antwort bereits. Du kannst dich wahrscheinlich nicht erinnern, weil es ein extrem seltener Anblick ist.

Menschen aus der LGBTQIA+-Community halten in Österreich kaum Händchen oder zeigen ihre Zuneigung in der Öffentlichkeit.

Laut Georg liegt das nicht daran, dass Österreich, oder zumindest Wien, kein liberales und integratives Land sei. Sondern daran, dass man in Österreich untraditionelle Dinge einfach nicht laut und sichtbar tue.

»Ich habe die Hand meines Ex-Freundes nicht in der Öffentlichkeit gehalten. Und ich habe auch nur einen Freund, der die Hand seines Partners hält. Und auch dann nur in den liberalen Hipster-Vierteln«, sagt Georg.

Zumindest in der Blase, in der ich lebe, ist Wien eine liberale und integrative Stadt, aber diese Akzeptanz ist an eine Bedingung geknüpft: Österreich mag es ruhig, also sollte auch die queere Community sich bitte ruhig verhalten.

Georg ist aus Graz. Zum Glück kommt er aus einer liberalen und sehr toleranten Familie. Trotzdem sei es nicht leicht, auf dem Land schwul zu sein, sagt er. »Würde ich mit meinen

Verwandten aus der Steiermark in ein Wirtshaus gehen und meinen Freund am Esstisch küssen, würden uns vielleicht andere Gäste mit offenen, halbgefüllten Mündern anstarren. Auf jeden Fall würden sie danach über uns lästern«, sagt Georg.

»Die meisten Leute outen sich erst, wenn sie nach Wien ziehen. Das ist die typische Coming-Out-Geschichte: Ich wusste immer, dass ich schwul bin, und dann bin ich nach Wien gezogen und habe mich geoutet.«

Um Teil der LGBTQIA+-Community zu sein, muss man an einem Ort leben, an dem es auch tatsächlich eine Community gibt. Deshalb wird man in Linz nie ein queeres Paar sehen, das sich küsst.

Die praktischsten österreichischen Alltagsgegenstände

Österreich ist praktisch veranlagt. Die Menschen hier ziehen das Praktische allem anderen vor – Ästhetik, Schnäppchen, Liebe und all die Möglichkeiten, die das Leben sonst noch zu bieten hat.

Ist etwas nicht praktisch, wird es in Österreich kaum Erfolg haben. Mindestens die Hälfte der Österreicherinnen und Österreicher muss zwingend einen Rucksack mit einer Flasche Wasser, einem Apfel, einem Lunchpaket und Taschentüchern mit sich führen, andernfalls geht die Haustür erst gar nicht auf.

Egal, was das Leben den Menschen hier entgegenwirft – wahrscheinlich haben sie die mögliche Lösung bereits in ihrem Rucksack dabei.

Es müssen nicht einmal Probleme sein, die gelöst werden müssen. Es kann auch nur eine kleine Unannehmlichkeit sein, die es zu optimieren gilt.

Die folgenden Punkte empfehle ich allen, die ein reibungsloses österreichisches Leben führen wollen. Übrigens ganz egal, wo du dich auf dem Erdball aufhältst. Das Zeug hier funktioniert überall.

Eine Toilette mit Kackablage

Als ich zum ersten Mal eine traditionelle österreichische Toilette benutzte, war ich hochgradig irritiert. Die Schüssel führte nicht einfach nur schnurstracks in die Tiefe, wo die Wasseroberfläche schimmerte. Sie stülpte sich erst zu einer Art Vordach aus, bevor sie senkrecht ins Wasser abfiel.

Erst war ich versucht, mich rückwärts auf die Klobrille zu setzen. Den Spülkasten zu umarmen, als würde ich auf einem Motorrad sitzen. Aber dann hätte mich doch jemand vorgewarnt. »Hey Jake, nur dass du's weißt: In diesem Land sitzen wir rückwärts auf dem Klo. Steht so im letzten Dekret von Alt-Bundeskanzler Faymann.«

Letztlich probierte ich es auf die altbewährte Art. Und wurde überrascht. Denn statt des vertrauten »Plobb« und des hochspritzenden Wassers am Hintern war da einfach – nichts.

Als ich fertig war, stand ich auf und drehte mich zu dieser magischen Toilettenschüssel um. Da war es. Ein kleines »Mise en place« für mein großes Geschäft. (Ohne mich selbst loben zu wollen.)

Ein Freund erklärte mir den Sinn dieser finalen Präsentation: Die Ablage sei dazu da, dass man hinterher seine Kacke inspizieren könne. Anscheinend sagt das Aussehen des Kots viel über die eigene Gesundheit aus.

Liebe Österreicherinnen, liebe Österreicher. Natürlich KÖNNT ihr euren Kot täglich aus nächster Nähe betrachten und die Maiskörner zählen. Ihr könnt aber auch regelmäßig Bluttests machen, eine Person mit medizinischer Ausbildung heiraten – oder ihr besucht einfach ab und zu den Doc eures Vertrauens. Alle so, wie sie's am schönsten finden.

Oder aber wir gehen als Bevölkerung ab jetzt »all-in« bei der Kacka-Analyse. Bilden unsere Kinder ab der Grundschule darin aus. Inklusive Farbenlehre und Geruchsprobe. (Meine Poproduktionen sind immer recht dunkel und riechen nach Negroni. Muss das so sein?)

Eine andere Freundin hat mir später übrigens erzählt, dass der kleine Carport im Klo einem ganz anderen Zweck dient – nämlich den »Kuss des Poseidon« zu unterbinden. Das ist, wenn einem das Toilettenwasser an die Rosette spritzt, nachdem man sein eigenes Endergebnis hat fallenlassen.

Wieder was gelernt.

Hauspatschen

Menschen in Österreich lieben ihre Hauspatschen wie die Menschen in Australien ihre Thongs lieben. Damit meine ich nicht das englische Wort für Tangas – Thongs heißen in Australien die Flipflops.

Hauspatschen (Hausschuhe) sind ein wahres Kulturgut österreichischer Füße. Was Sinn macht, denn hier ist es ein kulturelles Gesetz, seine Schuhe auszuziehen, wenn man das Haus eines anderen betritt.

Bevor ich nach Österreich kam, kannte ich das Konzept Hauspatschen gar nicht. Das Leben war so völlig in Ordnung. Hier erstmals mit der Notwendigkeit von Hauspatschen konfrontiert, blieb mir nichts anderes übrig, als verschiedene Frauen zu daten, um ihnen am nächsten Morgen die Hauspatschen zu klauen. Bis zu jenem schicksalhaften 6. Dezember, als mir der liebe Nikolo mein eigenes Paar schenkte.

Mittlerweile besitze ich mehrere Paar Hauspatschen. Eines für mich selbst und mehrere Standby-Modelle, falls unsere Gäste kalte Füße haben. Denn in den meisten österreichischen Haushalten wartet ein Paar Filzpatschen auf dich, das wahrscheinlich von Dutzenden Füßen getragen wurde.

Ich war schon auf den chaotischsten Hauspartys, veranstaltet von den unhygienischsten Typen, und obwohl die nächste Line Koks schon auf dem Toilettendeckel wartet, begrüßen sie dich erst an der Tür und bieten dir ein paar warme Filzpantoffeln an.

Schuhlöffel

Der Großteil der Welt bückt sich immer noch, um seine Schuhe anzuziehen. Pff, diese Wilden.

Nicht in Österreich. Hier kommt der Schuhlöffel ins Spiel, eine Erfindung, die aus dem Mittelalter stammt, als die Menschen noch steife Maßschuhe trugen. Irgendwie hat dieses lange, flache Werkzeug die Jahrhunderte überlebt und ist jetzt in fast jedem österreichischen Haushalt zu finden. In meinen Augen ist der Schuhlöffel eine Erfindung, die eigentlich niemand braucht, die einem aber das Leben versüßen kann. Damit vor den Schwiegereltern in seine Crocs zu schlüpfen, ist einfach ein Boss-Move.

Funktionskleidung

Du willst zu Halloween als »Bilderbuch-Ösi« gehen? Nichts leichter als das:

Du brauchst nur eine Jacke von Jack Wolfskin oder Patagonia. Dazu Cargohosen mit Seitentaschen, die so riesig sind, dass ein Neugeborenes hineinpassen würde. Und natürlich Wanderschuhe, die gleichermaßen teuer und klobig sind.

Eckbank

Die ultimative platzsparende Sitzlösung. Dank ihrer Position in einer Ecke verbessert sie nicht nur die Raumnutzung, sondern schafft auch mehr Platz am Tisch für eine Freundesgruppe, die gemeinsam bis spät in die Nacht feiern oder trinken möchte. Genial.

Zwei Decken im Bett

Wenn ein Paar in Österreich miteinander schläft, ist es eher eine Decken-Burrito-Situation als eine gemeinsame Decken-Lasagne. Das heißt, die Liebenden schlafen meist unter zwei Decken in einem Doppelbett und wickeln ihre eigene Decke wie einen Burrito um sich.

Das macht das Konzept des »miteinander Schlafens« irgendwie zunichte.

Und doch: Österreichische Paare haben die romantische Vorstellung, gemeinsam unter einer riesigen Decke zu schlafen, zugunsten der Praktikabilität aufgegeben. Mit zwei Decken hat man nie das Problem, dass eine Person die Decke in Beschlag nimmt. Ihr rollt euch einfach beide nach dem Liebemachen voneinander runter und zieht euch in eure eigenen Burritos zurück. Scheiß auf Romantik, Löffelchenstellung und das gegenseitige Anschwitzen! Ich bin für den praktischen österreichischen Ansatz!

(Dieser ist eigentlich auch die beste Lösung für einen One-Night-Stand, bei dem man nach dem lustigen Teil des »miteinander Schlafens« nicht wirklich miteinander schlafen will.)

Alles ist ein Flaschenöffner

Wo endet das Universum? Und auf wie viele Arten kann man ein Bier öffnen? In Österreich gibt es auf beide Fragen keine endgültige Antwort.

Die Bevölkerung hat sich so weit entwickelt, dass sie eine Bierflasche mit buchstäblich allem öffnen kann.

Eine Tischkante? Plopp!

Feuerzeug? Plopp!

Kruzifix? Plopp!

Buchstäblich jedes Körperteil? Plopp! (Und ja, ich meine buchstäblich jedes Körperteil. Diese thailändischen Ping-pong-Shows haben gegen eine Gruppe angetrunkener Junggesellen mit zu viel Kreativität keine Chance.)

Omas großer Zehennagel, der seit mehreren Jahren keine Pediküre gesehen hat? Plopp!

Altbackenes Brot? Plopp!

Einer meiner österreichischen Freunde hat sich sogar einmal einen Zahn abgebrochen. Er öffnete eine Bierflasche mithilfe seiner Backenzähne. Und nahm am Ende immer noch einen Schluck Bier, um das ausgebrochene Zahnstück (und den Schmerz) hinunterzuspülen.

Probiere deinen Hausstand und deine körperlichen Vorzüge doch einfach selbst einmal als Flaschenöffner aus. Andere haben es auf TikTok schon mit weit weniger Können zu Ruhm und Ehre geschafft.

Traditionelle ~~chinesische~~ österreichische Medizin

NeoCitran, Aspirin Complex oder
Parkemed schön und gut – aber hast
du mal versucht, deine Socken in Essig ein-
zutauchen und sie fest um die Füße
zu wickeln? #Essigpatscherl

Nein, du hast dich nicht verlesen. TCM ist in Österreich zwar auch bekannt und beliebt, aber wir haben hier eine ganz eigene Art, Krankheiten, Wunden und Verletzungen zu bekämpfen. Nämlich Topfen und Zwiebeln. Wir haben eine eigene traditionelle österreichische Medizin entwickelt. Kurz TÖM. Das Wort brauchst du nicht zu googeln. Ich hab's erfunden. Medizinisches Personal jetzt bitte weghören. Tausende Hausmittel gegen jegliche Wehwehchen und Schlimmeres musste ich schon am eigenen Leib über mich ergehen lassen. Ich möchte hier auch gar nicht die tatsächlichen Wirkungen dieser Mittelchen hinterfragen oder der TÖM jegliche Heilkraft absprechen. Manche wirken gut, manche weniger und manche gar nicht. Ein paar haben auch nur den Placeboeffekt. Um homöopathische Mittel wie Zuckerkugerl soll es hier aber nicht gehen. Es geht um die Vielzahl an alten Hausmitteln, die in Österreich von Generation zu Generation weitergegeben werden, um vor allem Kindern die kranken Geister auszutreiben. Im besten Fall erspart man sich einen Besuch bei der Hausärztin oder zögert ihn hinaus. Manche sind auch in Deutschland und anderswo bekannt. Es folgt eine kleine Liste meiner persönlichen Lieblinge. Die lustigsten und komischsten Hausmittel in Österreich:

Topfenwickel

Wie oft ich in meinem Leben schon meine Mutter oder meinen Vater angerufen habe, um zu erfahren, wie ich denn jetzt genau einen Topfenwickel anwende und was er überhaupt bringen soll. Ich habe ihn als Kind immer bei Schmerzen und Jucken von Insektenstichen, Sonnenbränden, Fieber, Schwellungen und Prellungen bekommen. Er kühlt und lindert Schmerz und Entzündungen. Dabei handelt es sich einfach um handelsüblichen Topfen – auch Gymfood oder Quark genannt – der in ein Geschirrhangerl zentimeterdick aufgetragen und flächendeckend verschmiert wird. Dann wickelt man es sich um die schmerzende Stelle, wie Hals, Knie, Arm oder andere Autschis. Warten, bis der Topfen nicht mehr kühlt und langsam trocknet. Bei stillenden Müttern soll es auch bei entzündeten und schmerzenden Brustwarzen Wunder vollbringen. Sagen zumindest meine Mama und Tante. Ob es funktioniert, kann ich euch nicht sagen, bei mir haben sich nur die Brusthaare verklebt.

Zwiebelsackerl

Ich hab ne Zwiebel auf'm Kopf, ich bin ein Döner! Nicht ganz – denn bei einem Zwiebelsackerl kommt das Gemüse nicht auf den Kopf, sondern an die Ohren. Ich hatte als Kind und Jugendlicher leider sehr oft chronische Mittelohrentzündungen und bin deswegen nicht nur Stammkunde bei meinem HNO-Arzt gewesen, sondern ich wurde auch zwangsläufig Profi im tränenfreien Zwiebelschneiden. Na ja, geweint habe ich trotzdem, aber nicht wegen der Zwiebeldämpfe, sondern weil meine Ohren fast vor Schmerzen explodiert sind. Das Rezept geht einfach. Man nehme eine Zwiebel, schneide sie in Hälften oder in kleine Würfel und binde sie mit einem Tuch an die Ohren. Die Dämpfe dringen in die Gehörgänge ein und bekämpfen die Schmerzen mit voller Kraft. Beim Aufschneiden der Pflanze werden desinfizierende und antibakterielle Substanzen freigesetzt, die akute Ohrenschmerzen besänftigen und dazu einen optimalen Schutz gegen nächtliche Vampirangriffe bieten. Die Krönung dieses Heilmittels habe ich bei befreundeten Eltern gesehen, die auf dem Stockbett ihrer Kinder ganz viele halbierte Zwiebeln an Schnüren montiert hatten und vom Bett herunterhängen ließen. Kurz war ich mir nicht sicher, ob die Kinder Ohrenschmerzen haben oder ein Twilight-Marathon bevorsteht. Okay sorry, das war's mit den Vampirwitzen. Versprochen!

A gscheide Watschn

Auch Ohrfeige genannt, kann nicht wirklich als Medizin verbucht werden, sondern als Straftat und Körperverletzung. Trotzdem wird sie leider noch in viel zu vielen Familien oder Beziehungskonstellationen als Mittel für Respekt, Ordnung und Gehorsamkeit verwendet. Schrecklich, aber wahr! Die Gewalt in diesem Land ist nicht immer gleich offensichtlich und sichtbar, doch existiert sie. Meist hinter verschlossenen Türen, Kellern und Häusern. Als meine Großeltern noch in die Schule gegangen sind, waren Prügelstrafen etwas ganz Normales und an der Tagesordnung. Da wurde der Gürtel aus ganz anderen Gründen etwas enger geschnallt. Als meine Mutter noch ein Kind war, war »a packl gscheide Hauswatschn« vom Papa zu bekommen noch immer etwas ganz Normales. Völlig egal, ob allein, zu Hause oder in der Öffentlichkeit. Als sie schlimm in der Schule war, wurde auch der Lehrkraft erlaubt, mit einem langen Holzlineal auf die ausgestreckten Finger zu hauen. Die Sprüche »Wer nicht hören will, muss fühlen« oder »Rüttle nicht am Watschnbaum« wurden damals alltäglich und wortwörtlich gelebt. Jemandem sei »die Hand ausgekommen« ist auch nur ein vermeintlicher Versuch, Körperverletzung zu verharmlosen und zu verniedlichen. In meiner Schulzeit war das alles zum Glück nicht mehr erlaubt. Bei mir war die höchste Strafe, eine Stunde lang in der Ecke des Klassenzimmers zu stehen, um den Wandverputz auf Risse zu begutachten. Man hat es liebevoll »Eckerlstehen« genannt. Oder wir mussten gleich die Klasse verlassen, um am Gang Wache zu halten. Heute gibt es Apps, die Lehrpersonen bewerten und in ein Ranking setzen. Deren verhängte Höchststrafe ist wahrscheinlich, dass das W-LAN der Schule für eine Stunde abgedreht und ein allgemeines Internet-Verbot ausgesprochen wird. Alle Kinder werden dann plötzlich zu Wifi-Junkies und schnorren sich von Klasse zu Klasse durch. »Tschuldige, kannst du mir vielleicht einen Internet-Hotspot für ein paar Minuten machen?« »Bitte, ich brauche den zum Überleben!« »Ohne Internet schaffe ich keinen halben Tag!« »Ich mach dir auch eine Woche die Hausaufgaben und teile mein Jausenbrot mit dir, versprochen!« Jesus fucking Christ! Habe ich gerade internetsüchtige Schulkinder mit drogensüchtigen verglichen? Als ob ich wüsste, wie es aktuell in österreichischen Klassenzimmern ausschaut! Als ob es dort anstatt Kruzifixen oder verstaubten Overhead-Projektoren schon W-LAN und funktionierende Schulcomputer geben würde, die nicht mehr Windows XP als Standardbetriebssystem installiert haben. Aber lieber zu kurze Aufmerksamkeitsspannen als zu lange Gürtelschnallen!

Essigpatscherl

Essigwickel gehören zu den absoluten Klassikern der Hausmittel in Österreich. Sie sind die beste Methode, um schnell

Fieber zu senken und gleichzeitig die Hornhaut aufzuweichen, um sie später abrubbeln zu können. Bei Essigpatscherln werden stinknormale Socken hergenommen und in Essigwasser getaucht. Dabei handelt es sich um ein Halbe-Halbe-Gemisch aus Essig und Wasser. Es ist auch völlig egal, welchen Essig du verwendest. Sei kreativ! Tafelessig, Apfelessig, Rotweinessig, Weißweinessig oder Branntweinessig. Die Feinschmecker verwenden Aceto Balsamico Tradizionale di Modena, den sie vergangenen Sommer in einer 1,5-Liter-Plastikflasche aus dem Italien-Urlaub mitgenommen haben. Wurscht welcher, Hauptsache schnell das Fieber senken! Die Socken werden darin eingetaucht und dann angezogen. Darüber kommt noch ein trockenes Paar Socken. Zwanzig bis dreißig Minuten blind bei Unterhitze backen und der Kuchen ist fertig. Der Essig verdunstet langsamer als Wasser und hat dadurch einen stärkeren Kühlungseffekt, der in Kombination mit der Sockenkompresse meist ziemlich rasch das Fieber senkt. Aufgepasst! Nicht zu oft und Pausen machen, sonst kickt der Kreislauf. Der Satz könnte auch eine Anleitung fürs Kiffen sein.

Trink a bissl Wasser

Könnte auch die richtige Antwort auf eine Frage beim Aufnahmetest des Medizinstudiums sein. Die Erde besteht zu 71 Prozent aus Wasser. Eine durchschnittliche erwachsene

Person hat fünfzig bis sechzig Prozent Wasser im Körper. Ein Säugling sogar bis über siebzig Prozent. Wir sind praktisch Hälfte Mensch, Hälfte Wasser. Klingt wie die Einleitung einer abgefuckten Low-budget-Aquaman-Version vom ORF. Seine Fähigkeit wäre aber nicht, mit Meerestieren zu sprechen, unter Wasser atmen zu können oder schneller als ein Torpedo zu schwimmen, sondern den Namen in den Schnee brunzen zu können. ORF-Aquaman könnte natürlich auch eine brennende Quallenattacke bekämpfen oder einen Rekord im stärksten Pissstrahl aufstellen. »Wow, der Typ kann mit fünf Bar pissen, nicht schlecht!« Na ja, weiß ich nicht, ob ich mir den Film anschauen würde. Obwohl, wenn Jason Momoa wieder die Hauptrolle hat, wahrscheinlich schon.

Ohne Wasser können wir nicht überleben, das ist klar. Aber in Österreich wurde über die Jahrzehnte der Satz »Trink a bissl Wasser« zum Universalheilmittel umfunktioniert. Es würde mich auch nicht wundern, wenn es schon als Mittel gegen Krebs empfohlen wurde. Du hast Liebeskummer? »Trink a bissi Wasser!« Du hast Existenzängste? »Trink a Glasl Wasser, dann schaut die Welt gleich besser aus!« In Österreich kannst du die tiefste Depression haben und es würde trotzdem jemanden geben, der dir sagt: »Trink a bissl Wasser, dann geht's dir besser.« Schwuppsdiwupps, die Depression ist einfach weg und wurde mit heilendem Berggletscher-Quellwasser sanft hinfortgespült. Magisch, dieses Wiener Hochquellwasser. Und nachdem Bier in Österreich wie Wasser getrunken wird, zählt es ebenso als Heilmittel. Wenn du den schlimmsten Kater deines Lebens hast. Dein Kopf pocht vor Schmerzen. Dir ist übel, schwindelig und zum Speiben schlecht. **»Reparaturseidl«**. Richtig gehört. Hier in Österreich bekämpfen wir Alkoholkonsum-Begleiterscheinungen mit Alkohol. Ein Bier ist ja praktisch Hopfenwasser, oder? Das Reparaturseidl vollbringt wahre Wunder! Deftiges Frühstück, kleines Bierchen dazu und der fauchende Kater wird zur zahmen Schmusekatze.

Salbei-Thymian-Honig-Zäpfchen

Gegen starken Durchfall, Schmerzen im Unterleib oder drückende Blähungen gibt es in Österreich auch ein altes und bewährtes Hausmittel. Es ist im Prinzip eine Reduktion eines veränderten Salbeitees mit Honig. Dabei werden die getrockneten Salbeiblätter mit ganz wenig heißem Wasser aufgegossen und mit ganz viel Thymianhonig vermengt. Nach einer Ziehzeit von zehn Minuten werden noch drei Esslöffel brauner Zucker hinzugefügt und weiter verrührt. Das wird dann bei geringer Hitze länger auf den Herd gestellt und unter ständigem Rühren gekocht. Dabei verdunstet das Wasser langsam und am Schluss bleibt eine sehr dickflüssige Paste übrig. Diese wird nach längerem Abkühlen lauwarm um den After geschmiert. Die rektalen Schleimhäute helfen dabei, die antibakteriellen, antiviralen und entzündungshemmenden Wirkstoffe der Salbei- und Thymian-Pflanze schneller in den Verdauungstrakt zu befördern. Noch dazu ermöglicht die geschmeidig weiche Konsistenz des Honigs ein deutlich vereinfachtes Auftragen und Schmieren. Glaubt ihr eigentlich, gibt es wirklich irgendeine arme Sau, die gerade mit einem verklebten Arschloch im Bett liegt und hofft, die Blähungen verschwinden bald? Diese Geschichte ist, wie in *X-Faktor: Das Unfassbare*, absolut frei erfunden. Jedoch würde es mich ehrlicherweise nicht wirklich überraschen, wenn es tatsächlich in irgendeinem alten österreichischen Hausmittelbuch steht.

»Schlag mich, Mausi, no amoi!«

Ja, das ist das österreichische Cover des bekannten Songs von Britney Spears, »Hit me baby one more time«. Wichtig ist, dass wir den liebevollen Spitznamen »Baby« mit dem österreichischen Kosenamen »Mausi« ersetzen. Sonst wäre es ja nicht österreichisch.

Menschen in Österreich lieben es, sich gegenseitig niedliche Tiernamen zu geben. (»Mausi« mag hier eine Ausnahme sein. Schließlich fürchten sich die meisten Menschen und Elefanten vor ihnen.)

Aber da wären Hasi, Spatzi, Bambi, Bärli, Schnecki.

Moment mal! Wer zum Teufel möchte von seinem Liebhaber »Schnecki« genannt werden? Eine Schnecke ist zwar geil schleimig, aber weder süß noch sexy!

Stell dir vor, du bist mitten im Sex und jemand schreit plötzlich in dein Ohr: »Ja! Ja! Mach weiter, Schnecki!« Ich würde mich sofort fragen, ob meinem Gegenüber das alles zu langsam geht. Wenn ich in Australien jemanden Snail nenne, gibt es keinen Sex, sondern eine Watsche.

Du weißt, dass du in Österreich bist, wenn der berühmteste Bau-Mogul des Landes über Bienchen, Mausi, Zebra, Hasi, Käfer, Katzi und Kolibri spricht. Richtig – das kann nur von Sir Richard Lugner kommen. Und er spricht da nicht etwa über seinen privaten Tierpark, sondern zählt die Spitznamen seiner Verflossenen auf.

Lugner. Ein Mann, der einzig und allein in Österreich berühmt werden konnte.

Ich habe in meinem Bekanntenkreis herumgefragt, warum sich Menschen in Österreich so gern Tiernamen geben. Als Antwort erhielt ich jede Menge Schulterzucken. Und die Information eines Freundes, dass er seine Ex gern »Affenfut« genannt hat, diese das aber nicht mochte. Vielleicht ganz gut, dass die beiden nicht mehr zusammen sind.

Der österreichische Kosenamenkult geht auch weit über die Tierwelt hinaus. Die Sprache kennt zahlreiche Arten, um Wörter zu verniedlichen. Die Menschen passen dafür gern die Endungen an. So wird aus Fisch zum Beispiel Fischerl, Fischi oder Fischchen.

»Hasi, magst vor dem Schlafi noch a Pappi essen? Vielleicht a Schnitzi mit an Bierli, danach a Krapferl? Oder ist des ned guad für dei Herzi?«

(Für alle, die mental gerade ausgecheckt haben, hier die Übersetzung des obenstehenden Satzes: »Häschen, möchtest du noch etwas essen, bevor du dich hinlegst? Vielleicht ein Schnitzel, dazu ein Bier und danach einen Krapfen? Oder könnte das deine Herzgesundheit negativ beeinflussen?«)

Gelegentlich findet man diese niedlichen Wortendungen aber in sehr unerwarteten Situationen: »Letzte Woche hat die Omi a Schlagerl ghabt. Jetzt trägts a Winderl.«

Wie zur zugefrorenen Hölle hat es die österreichische Sprache geschafft, dass ein »Schlaganfall« plötzlich so unschuldig klingt wie ein Babypups? Ähnlich verhält es sich mit dem Herzinfarkt, der im Österreichischen schnell zum verspielt-knuffigen »Herzkasperl« wird. Trari, Trara, der Tod ist da!

Und dann wäre da noch dieser Evergreen, den man gerne in geriatrischen Eingangsbereichen hört: »Ja, der Opa hat ein Bankerl grissn. So schade. Oh schau, hier gibt's heute ungesalzene Lasagne!« War der Opa Schreiner? Hat er die Eckbank in seinem Zimmer verschieben wollen? Jedenfalls ist er tot, der Opa.

Dass man den Tod nicht ganz so ernst nimmt, ist keine vollwertig österreichische Sache, sondern eine sehr wienerische. Es ist das morbide Spiel mit der eigenen Endlichkeit, das die Menschen in der Hauptstadt draufhaben wie niemand sonst. Deshalb stellt man den Schrecken des Todes wahrscheinlich auch einfach die Verniedlichungsform entgegen und sagt: »Schau, Gevatter. Bis du den finalen Schnitt machst, haben wir immer noch was zu lachen. Wir lassen uns von dir doch nicht den Schmäh verbieten.«

Wie das mit den Kosenamen deiner letzten drei Geschlechtspartner zusammenhängt, weiß ich leider nicht. Außer Hasipupsi stand etwas zu sehr darauf, beim Verkehr gewürgt zu werden?

Inzest-Jokes gehen immer! Österreichs Stereotypen und Klischees

»Is that true, that in Austria, you like to have sex with your family?«, fragte mich einmal ein spanischer Freund in Barcelona. Ich antwortete: »No, only with your mother!« Dann hat er gelacht und die Schnauze gehalten. Verwundert hat es mich trotzdem. Warum denkt Xavi, der halbstarke Katalane, dass wir in Österreich gern Sex mit unserer eigenen Familie haben? Das war doch nur ein einziges Mal mit meiner Cousine! Und zählt Anal überhaupt? Spaß, Spaß, Spaß! Seid's ihr deppert? Einmal ist kein Mal, sagt man doch!

Gut, nach der stark inzestuösen Einleitung geht jetzt das eigentliche Kapitel los. Warum lachen so viele Menschen in Österreich über solche Witze? Was sind eigentlich Klischees und Stereotypen von und über Österreich? Zu den Klassikern gehören auf jeden Fall die Nazis, arrogantes Volk, klassische Musik, Dirndl, Lederhosen, *Sound of Music*, jodeln, Bier, Berge, Skifahren, Schnitzel, Schnee, Mozart, kultiviert und fesch. Okay, die letzten beiden habe ich erfunden. So weit, so gut.

Googelt man danach, findet man schnell die Meinung vieler, die noch nie in Österreich waren und sich ihr Bild darüber nur über Medien gemacht haben. Perfekt also für Stereotypen und Klischees. Wenn man nämlich noch nie dort war und noch nie mit jemandem von dort gesprochen hat, kann man ja bekanntlich am besten etwas darüber erzählen, oder? Die englischsprachige Internetseite »Buzzfeed« gibt Antworten. Das mit viel, viel Abstand am meisten genannte Klischee über Österreich war, und ich zitiere hier: **»Catholic fanatics who**

are having a family member locked up in the basement«.
Zu Deutsch: »Katholische Fanatiker, die ein Familienmitglied
im Keller eingesperrt haben«. Na Holla die Waldfee. Wie bitte?
Was? Seids ihr verrückt? Ich glaube, ich habe mich gerade ver-
hört! Habt ihr uns gerade wirklich als Katholiken beschimpft?
Als verdammte Katholiken? Der Rest stimmt ja, aber Katholiken? Ich bin doch nicht deppert und zahle die Kirchensteuer!

Und da haben wir ihn schon wieder! Den Inzest-Joke!
Gleich noch einen hinterher: **»Motherfucker« war zur Zeit
der Habsburger kein Schimpfwort!**

Sorry Leute, ich weiß nicht, warum ich das so witzig finde.
Vielleicht bin ich einfach nur ein unreifer Bub, der zu oft Si-
si-Filme geschaut hat. Aber auch als Kulturjournalist habe ich
oft mit Comedy-Shows und Kabarett-Abenden zu tun. Und
die Witze, die immer zünden, kommen entweder aus dem
Keller oder haben etwas mit der Familie zu tun. Ist einfach so.
Diese Witze gehen immer in Österreich! Aber warum? Es gibt
eine ganz einfache Regel in der Comedy, und die lautet: **It's
funny, cause it's true**!

Wer sich jetzt aber so wie ich nicht mit der österreichischen
Erklärung »es ist halt so, wie es ist« zufriedengeben möchte,
folgt mir in den nächsten Absätzen auf eine spannende Reise
voller spätpubertärer Witze und halbgarer Fakten!

Es ist also witzig, wenn es wahr ist. Bei dem Satz »Catholic
fanatics who are having a family member locked up in the
basement« geht es nicht um die katholische Kirche. Öster-

197

reich hat nämlich wirklich eine sehr lange Geschichte mit der Kirche und dem Katholizismus. Und Religionslehrern und Priestern, die gern mal in der Beichte nicht nur zuhören, sondern auch zupacken. Aber darum geht es bei dem Witz nicht. Man kann nämlich wirklich nicht leugnen, dass unser Alpenland einen Stand[20] auf Jesus und seinen Papa hat. Das ist (Kruzi)**fix**. Sorry, der musste sein!

Was etwas schwieriger zu verdauen scheint, ist, dass Österreich auch auf Mama, Papa, Bruder, Schwester, Onkel, Tante, Cousin und Cousine steht. So sehr, dass die Welt denkt, wir hätten ein Inzest-Problem? So sehr, dass sich auf fucking Buzzfeed irgendwelche amerikanischen Teenager darüber lustig machen? Hört man auf den ehemaligen österreichischen Bundeskanzler (er ist heute schon praktisch eine heiliggesprochene Galionsfigur der heimischen Sozialdemokratie), Dr. Bruno Kreisky, wird schnell klar, wo wir mit unserer Suche anfangen müssen. Er sagte damals verkürzt und abgespeckt in einem Interview zur Politik in Österreich: *»Lernen's a bißl Geschichte und dann werden's sehen, Herr Reporter, wie sich des im österreichischen Parlament entwickelt hat.«*

Na dann schauen wir mal in die Geschichte Herr Doktor Kreisky!

Aber Moment! Das angesprochene Parlament aus dem Zitat passt jetzt aber irgendwie nicht ganz zum Text. Was war vor

---

[20] Stand: österreichischer Dialekt für auf jemanden stehen, in jemanden verliebt sein

dem Parlament in Österreich? Richtig, die Habsburger! Ein altes Fürstengeschlecht, das seit dem Spätmittelalter zu einer der mächtigsten Dynastien Europas zählt. Lange stellten sie den römisch-deutschen Kaiser und König und auch den Kaiser von Österreich. Sagt zumindest Wikipedia und meine alte Geschichtslehrerin Frau Moosbauer. Kurzum, die Habsburger waren üble Motherfucker, die viele Jahrhunderte in ganz Europa und über dessen Grenzen hinaus geherrscht haben. Und ja, Motherfucker ist hier quasi wortwörtlich gemeint.

Denn die Habsburger waren nicht nur für ihre gewiefte Heiratspolitik bekannt, sondern sie naschten auch gern von der Frucht des eigenen Baumes, wenn ihr versteht. Versteht ihr? Sie haben mit ihren Verwandten gefickt! Das haben die aber nicht nur Tinder-One-Night-Stand-mäßig gemacht, sondern sie haben ein Businessmodell daraus erstellt. Heute würde man »High-Performer« dazu sagen. Alles funktioniert mit dem richtigen Mindset! Ihr Geschäft lief nicht nur gut, es lief über viele Jahrhunderte hervorragend. So gut, dass sich durch die ständigen Betthupferl[21] und das von mir völlig frei erfundene Familien-Credo »Es bleibt alles in der Familie« eine Kieferfehlstellung (Progenie) über Generationen entwickelt hat. Also ein hervorstehendes Kinn und Unterkiefer. Je nach Ausprägung kann der Mund nicht gänzlich geschlossen werden und Schwierigkeiten beim Sprechen und Kauen verursachen. Besser bekannt als **die Habsburger-Lippe**. Endlich weiß ich,

[21] Betthupferl: Süßigkeit vor dem Schlafengehen

was ein kaiserlicher Familienabend mit Happy End bedeutet. Spoiler Alert, Franz und Sisi waren keine Geschwister. Sie waren nur Cousins. Die Habsburger-Lippe – ein fürstliches Geschenk, wenn man innerhalb einer Familienlinie über Jahrhunderte kreuzt und kreuzt und kreuzt und nochmal kreuzt und hopp, Schwuppdiwupp, »du bist doch meine Schwester, jetzt hab dich nicht so«. Aus dem historischen Flaschendrehen wurde also Tradition und somit auch ein Klischee und Stereotyp von und über Österreich. Früher war alles einfach etwas »familiärer«.

Und heute? Schaut man in die letzte große Pornhub-Statistik über Österreich, sieht man, dass die Kategorie »MILF« also, **M**other **I**'d **L**ike to **F**uck, fast in allen Bundesländern in den Top fünf der meistgeklickten Kategorien war. Wenn euch das nicht zum Schmunzeln bringt, dann vielleicht Platz eins. Der lautet nämlich »German«. Bei all den tausenden Kategorien, die man sich anschauen kann, kommen wir wirklich nur ins gleichsprachige Nachbarland? Na ja, was der Bauer nicht kennt, frisst er nicht, oder? Zusammenfassend kann man sagen: Ja, wir haben offensichtlich noch immer ein nationalistisches Problem. Sogar bei Pornografie. Und ja, alle neun Bundesländer stehen wirklich auf »deutsche Mütter«. Schaut man sich die weltweite Statistik von 2022 an, sieht man, dass sich die MILFs wacker schlagen und global den Platz sechs belegen.

Als wäre das nicht schon witzig genug, gehört angeblich einem Österreicher das Pornoimperium. Wenn es bei der Geschichte bleiben würde, würde ich ja auch darüber lachen können. Versteht mich nicht falsch. Über einen guten Inzest-Joke lache ich fast immer. Das rot-weiß-rote Land hat da aber leider auch eine ganz andere Geschichte. Wir kommen wieder zum Anfang des Kapitels:

»Having a family member locked up in the basement«. Da war ja was. Natascha Kampusch wurde 3.096 Tage als Kind gefangen genommen und in einem Keller von Wolfgang Přiklopil in Niederösterreich eingesperrt. Die zwei waren zwar nicht verwandt miteinander, aber das ändert ja nichts an der grausamen Tatsache. Vor allem ändert es nichts für Natascha Kampusch oder irgendeinen amerikanischen Teenager, der sich so sein Bild über Österreich macht. Josef Fritzl sperrte seine Tochter von 1984 bis 2008 in ein unterirdisches Verlies seines Hauses ein und missbrauchte und vergewaltigte sie. Er zeugte mit ihr insgesamt sieben Kinder. Da fehlen einem wirklich die Worte. Vielleicht versteht man aber zumindest etwas besser, warum Österreich dieses Klischee zugesprochen bekommt und die Menschen darüber ertappt lachen.

»Wenn du wissen willst, wie ein guter Keller gebaut wird, frag einen Österreicher.«

Freunderlwirtschaft ist keine Korruption

*»In Österreich gibt es keine Korruption,
nur Freunderlwirtschaft!«*

»Bua, du brauchst a Parteibuch, sonst wirst in dem Land nix« ist ein Satz, den ich schon oft von älteren Menschen in Österreich gehört habe. Ich habe ihn aber nie verstanden. Warum muss ich in einer politischen Partei Mitglied sein, um weiterzukommen? Ich kann doch fleißig sein und gut arbeiten, um es ganz nach oben zu schaffen, oder? So ist es doch, oder? Die Antwort ist etwas komplexer und lautet jein. Es war früher sicher noch viel schlimmer, als es heute ist. Klar ist, dass es dir nicht schaden wird. Kommt natürlich auf deine Branche an. Alle Parteien in Österreich haben nämlich ihre Netzwerke. In Wien zum Beispiel stellt die SPÖ seit Kriegsende 1945 den Bürgermeister der Landeshauptstadt. Da ist es nur logisch, dass sich Freundschaften, Verbindungen und Beziehung auftun und eben auch zusammentun. Manche sind gut und manche sind schlecht. So wie in jeder anderen Partei übrigens auch!

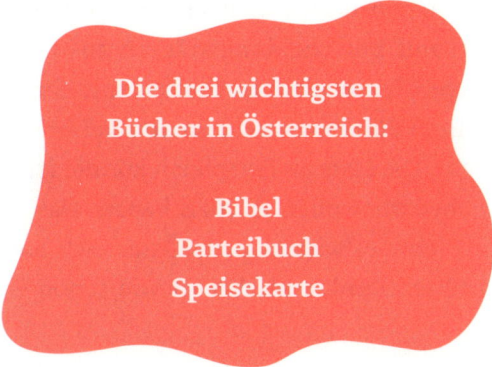

**Die drei wichtigsten
Bücher in Österreich:**

**Bibel
Parteibuch
Speisekarte**

Ein gutes Beispiel für solche Beziehungen beziehungsweise Freunderlwirtschaften zeigte eine politische Diskussionsrunde im Jahr 2015. Als die heutige NEOS-Chefin Beate Meinl-Reisinger den ehemaligen Wiener Bürgermeister Michael Häupl mit einer Geschichte konfrontierte. Sie sprach von einem jungen Mann, der gern einen Stand an einem Wiener Markt mieten wollte. Er konnte es aber nicht, weil nur Parteifreunde solch heiß begehrte Plätze ergatterten. Darauf antwortete der Bürgermeister kurz und knapp: »Schaun's, schicken's mir den jungen Mann und das ist das leichteste, was ma machen können«. Entscheidet selbst, ob es Korruption, Freunderlwirtschaft, Netzwerk, Gegengeschäft, Freundschaftsdienst oder Nettigkeit ist.

In Österreich gibt es eine undurchschaubare Anzahl an Verstrickungen von Freundschaften, Bekanntschaften und Verbandelungen. Die eine ist abhängig von der anderen und hilft der Person dann, wenn du mal zukünftig Unterstützung brauchst. Es bleibt aber nicht immer undurchschaubar. Geleakte Handy-Nachrichten können dann doch so einiges ins Rollen bringen. Journalistinnen chatten mit Beamten, Redakteurinnen mit Entscheidungsträgern aus der Wirtschaft und ehemalige Chefredakteure chatten mit ehemaligen Politikern. Dreimal dürft ihr raten, warum bei beiden »ehemalig« davorsteht. Die Liste an Beispielen könnte ich noch lange fortführen, aber wir wollen ja Spaß haben. Das ganze Problem mit der Freunderlwirtschaft in Österreich hat Tradition. Einer der größten Punkte hierbei ist wie schon erwähnt die

Größe des Landes selbst. Wir sind ein kleines Land. So viele Menschen sind wir nicht. So groß sind die Branchen, Arbeitsbereiche und Kreise nicht, in denen man sich aufhält. Ich kenne jemanden, der jemanden kennt, der von der Person der Onkel ist. Der ist wiederum mit der Stiefschwester von der einen einmal in den Kindergarten gegangen, und Schwupps, hast du die Telefonnummer von einer Ministerin oder ihrem Assistenten. Sogar in der mächtigen Medienbranche kommt man schnell rum. Es gibt einen Rundfunk mit politischem Stiftungsrat, ein paar private Medienhäuser und Zeitungsverlage. Das war's. Natürlich kennt man da schnell die eine oder andere Person. Nicht ohne Grund heißt es im Volksmund ständig »Wien ist ein Dorf«. Wenn die größte Stadt des Landes mit fast zwei Millionen Menschen schon ein Dorf und gleichzeitig Epizentrum der Freunderlwirtschaft im Alpenland sein soll – was soll dann bitte die zweitgrößte Stadt Graz mit keinen dreihunderttausend Einwohnerinnen sein?

Versteht mich nicht falsch. Ich bin Kulturjournalist. Diese Disziplin steht ständig unter Kritik. Die Abgrenzung zwischen Kunstschaffenden, Kulturbranche und Journalismus ist nicht leicht. Man kennt sich schnell von Veranstaltungen und versteht sich manchmal gut und manchmal auch sehr gut. Freunderlwirtschaft bezieht sich auch nicht immer auf illegale Korruption in der Politik oder moralisch bedenkliche Deals in der Wirtschaft. Da sollte so etwas natürlich nicht passieren. Wenn ich aber zum Beispiel eine Fotografin für meine

Hochzeit suche, schreibe ich das auch nicht groß in den Social Media aus oder suche lange im Internet. Man fragt zuerst im Freundeskreis nach. Auf Empfehlung passiert hier viel im Land. Leider aber in allen Kreisen und Bereichen. Auch da, wo Empfehlungen gar keine Rolle spielen sollten.

In Österreich werden viele wichtige Entscheidungen als Kavaliersdelikt oder Freunderlwirtschaft abgetan und gerechtfertigt. »So schlimm ist das ja gar nicht, wir sind ja Freunde!« In Deutschland würden hingegen schon längst Köpfe rollen und Konsequenzen gezogen werden. Da ist die Verhaberung[22] auf gar keinen Fall so akzeptiert wie hier. Es gibt in Deutschland aber auch zehnmal mehr Menschen. Da ist es nicht so wahrscheinlich, dass deine Schwägerin zufällig im Landrat sitzt oder die Bürgermeisterin kennt und bei einem neuen Gesetz mitentscheiden kann, welches dein wertloses Ackerland plötzlich zum wertvollen Bauland umwidmet. Das ist dann aber auch keine Freunderlwirtschaft mehr, sondern illegal und korrupt.

Wenn du ein Tier wärst, wärst du lieber ein Delfin, Affe oder Adler?
Das Finanzministerium von Österreich finanzierte für über 150.000 Euro eine Studie, die Tier-Assoziationen mit bekannten Personen aus der Politik abfragte!

[22]Verhaberung: Verbrüderung mit gegenseitigen Begünstigungen

Umso tiefer es in die Politik und Wirtschaft geht, desto wortwörtlich »tiefer« wird es auch. Für mich persönlich ist auch
der Punkt der »Qualifikation« ein Wendepunkt. Da wird die
Freunderlwirtschaft oft zur Korruption, wenn Positionen
nicht mehr aufgrund der Qualifikation der Bewerber beklei-
det werden, sondern nur aufgrund von Parteibuch, Freundschaften, Geld oder persönlichen Interessen à la *die eine Hand
wäscht die andere*. Freunderlwirtschaft ist für viele Menschen
in kleinen privaten und beruflichen Bereichen sehr hilfreich.
Wieder kommt es natürlich auf die Branche an. Es ist gut,
wenn mir jemand im Freundeskreis eine gute Fotografin
empfiehlt, weil er persönlich schon gute Erfahrungen mit ihr
und ihrer Arbeit gemacht hat. Es ist gut, wenn Jacob einen
guten Grafiker für einen Auftrag in seiner Firma sucht und
ich einen kenne und schnell Kontakte legen kann. Es ist nicht
gut, wenn Steuergeld verschossen wird, um sich selbst zu be-
reichern oder um sich einen persönlichen Vorteil daraus zu
schlagen. Es ist nicht gut, wenn Menschen in Positionen voller Macht und Verantwortung gesetzt werden, die dort aber
gar nicht sein sollten, weil sie völlig unqualifiziert für diesen
Beruf sind. Von Fairness fange ich gar nicht erst an.

In diesem Land wurden schon Menschen in Positionen
gesetzt, die offensichtlich keine Ahnung davon haben. Das
ist VIELLEICHT, aber nur VIELLEICHT, ein Grund, warum in
Österreich ein politischer Skandal den nächsten jagt. Manchmal fühlt es sich so an, als könnte ich als gelernter Zucker-

bäcker morgen schon Innenminister von Österreich werden, weil ich in meiner Lehre gelernt habe, wie ich die Backstube ordentlich und sicher halte.

Ich denke, es ist für viele »okay«, wenn es um nichts geht. Wenn es aber um etwas geht, dreht es sich sehr schnell wieder. Viele versuchen dann, diese moralische und strafrechtliche Grenze immer ein kleines Stückchen weiter zu verschieben. Es entstehen dann Situationen, die filmreif sind und leider von anderen Ländern als typisch österreichisch abgestempelt werden. Stell dir mal vor, du würdest einen Untersuchungsausschuss wegen Korruption in einer Partei leiten, in der du selbst eines der mächtigsten Mitglieder bist. Klingt schon sehr aufgelegt, oder? Ist das wirklich möglich? In Österreich schon!

Ich werde politisch nicht mehr tiefer ins Detail gehen, keine Sorge. Dafür gibt es wesentlich qualifiziertere Menschen, die deutlich gescheitere Sachen dazu sagen können. Empfehlen kann ich die österreichische Dokumentation *Projekt Ballhausplatz*. Dort sieht man sehr gut, wie schnell die Freunderlwirtschaft ausarten kann und Korruption und Postenschacher zur Tagesordnung werden. Ebenso die Podcast-Episode *Armin Wolf, verstehen Sie Österreich?*. Ein fast siebenstündiges Gespräch über Österreich, Journalismus, Politik und Medien. Aber was meint ihr? Ist Freunderlwirtschaft jetzt Korruption oder nicht? Am Ende des Tages ist es wahrscheinlich wurscht. Denn es gibt immer jemanden, der jemanden kennt, der anrufen kann und die entstandenen Probleme klären wird.

Und wenn wir schon von Problemen sprechen:

Österreich baute für hunderte
Millionen Euro ein Atomkraftwerk und
fragte die Bevölkerung erst danach,
ob sie es überhaupt wollen.
Es wurde nie eingeschaltet.

Die scheiß
Wiener

»SCHEISS WIENER!« hat jemand auf den Zettel gekritzelt, der unter dem Scheibenwischer des Mercedes steckt. Das Auto steht an einem beliebten Salzburger Badesee gleich auf zwei Parkplätzen. Und trägt ein Wiener Kennzeichen. Es gehört offenbar wirklich einem scheiß Wiener.

Machen wir uns aber nichts vor: Der Mercedes hätte garantiert auch dann einen Zettel mit blumiger Sprache unterm Scheibenwischer, wenn er laut Nummernschild von ganz woanders käme.

Dennoch. Wien ist besonders. Gerade in Beziehung zu den anderen acht Bundesländern Österreichs. Sie alle sind auf Wien nicht gut zu sprechen. Aber wieso eigentlich?

Österreich hat neun Bundesländer. Jedes einzelne von ihnen hat individuelle Eigenheiten. Als ob sie neun Halbgeschwister wären – von derselben Mutter und neun verschiedenen Vätern. Tirols Vater ist Skilehrer, der eine Affäre mit einer Schweizerin hatte. Vorarlbergs Vater ist ein Einsiedler, der am öffentlichen Leben nicht gern teilnehmen mag und lieber SUV fährt. Kärntens Vater ist ein DJ aus einer riesigen wohlhabenden Familie. Und Wien ist ganz offensichtlich bei einem Vierer mit einem osteuropäischen Feldarbeiter, einem türkischen Kaffeesieder und einem Avantgarde-Maler entstanden.

So benehmen sich die Bundesländer dann auch alle ähnlich, sind aber auf ihre individuellen Eigenschaften überaus stolz.

Was für mich besonders eindrucksvoll ist: Jedes Bundesland hat einen stark ausgeprägten eigenen Dialekt. Mir hat einmal jemand weismachen wollen, die Dialekte hätten sich in der Zeit gebildet, als die Regionen noch alle durch Berge getrennt waren. Was natürlich Quatsch ist, Berge kommen und gehen ja nicht einfach wie die Gezeiten. Die Vorstellung bleibt allemal charmant. Wie sich jedes Bundesland in seiner eigenen kleinen Bubble weiterentwickelt hat – und sich die Eigenheiten auch dann behielt, als die Berge verschwunden waren. (Hahaha.) Wien bleibt in diesem Mix allerdings das Außenseiterkind. Im Familienverbund wäre es der Geschwisterteil, dessen sarkastische Zwischenworte zwar clever sind, aber allen nur noch auf den Zeiger gehen. Es sagt den anderen Geschwistern gern, was sie zu tun haben. Und weil es durch seine Kapriolen so viel Aufmerksamkeit erhält, glaubt es zu Unrecht, allen anderen überlegen zu sein.

Wien ist allein durch seine historische Bedeutung, seine Größe und seinen Kulturenmix ein magnetischer Ort, der Menschen aus allen anderen acht Bundesländern anzieht. (Von den jährlich abertausenden Touris ganz zu schweigen.) Ausnahmen von dieser Landflucht macht lediglich Kärnten: Hier ziehen die Leute gern vom Land nach Graz. Und die Salzburgerinnen und Salzburger scheinen sich mit der Größe und Lage ihrer Hauptstadt auch sehr wohl zu fühlen.

Die Sache ist die: Gehst du an irgendeinem Wochentag durch Wien und pickst dir zufällig fünfzig Menschen aus den

Straßenbahnen, Cafés und Museen, ist da wahrscheinlich kein einziger »originaler« Wiener darunter.

Natürlich gibt es sie, die Ur-Wienerinnen und -Wiener. Nur sind sie mittlerweile in der Unterzahl.

Was zumindest für den Fahrer des minimal verunstalteten Mercedes vom Salzburger Badesee tröstlich sein könnte. Wahrscheinlich hat dieser nur gegrinst, dezent mit dem Kopf genickt und sich gedacht:

»Ma, zum Glück bin ich gar kein echter scheiß Wiener.«

Menschen, die zwar in Wien leben, aber von woanders in Österreich hingezogen sind, haben oft ein gespaltenes Verhältnis zu ihrem vorherigen Wohnort. Sie erzählen dir dann, wie schön, aber auch wie schrecklich langweilig dort alles war. Und kehren ab einem gewissen Alter trotzdem wieder dorthin zurück. Meistens, um irgendein Bauernhaus zu erben, einen Betrieb zu übernehmen, Kinder zu kriegen und letztlich dort zu sterben. Etwas polemisch gesagt: Diese Menschen schenken ihre besten Jahre der Hauptstadt.

Vielleicht ist es dieses verlockungsvolle, multikulturelle Glänzen Wiens, das so viele Menschen anzieht – und von den anderen Bundesländergeschwistern negativ ausgelegt wird. Wer die Kraft hat, andere von sich zu überzeugen, wird von Außenstehenden gern belächelt und kleingeredet.

213

Diese Außenstehenden – also die acht anderen Bundesländer – haben dafür einen Mechanismus entwickelt, sich trotz der scheinbaren Übermacht des größten Halbbruders wohlzufühlen: Sie halten einfach noch stärker mit ihresgleichen zusammen.

Dazu ein erlebtes Beispiel aus einer Kärntner Tankstelle: Ein Kärntner stellt sich bei der Schlange vor der Kassa an. Ein zweiter Mann kommt hinzu und stellt sich frech vor den wartenden Kärntner. Dieser beginnt nun, seinen neuen Vordermann zurechtzuweisen. Der Vordermann dreht sich um, entschuldigt sich mit wienerischem Einschlag und stellt sich pflichtbewusst an die letzte Position der Schlange.

Die Ohren des Kärntners stellen sich sichtbar auf – aber nicht, weil er die Entschuldigung besser hören will, sondern weil ihn der Dialekt so triggert. Er schimpft deshalb weiter – und nicht nur er, sondern auch ein zweiter Mann aus der Schlange. Dieser dreht sich jetzt um und erklärt dem armen Mann lang und breit in dickem Kärntnerisch, dass das hier absolut nicht gehe. Man sei ja nicht in Wien.

Wien hat einen starken Rücken. Es kann es ab, wenn sich die anderen acht Geschwister an ihm austoben. Die haben das Gefühl, dass sie gerade die Oberhand gewinnen und können ihre Aggressionen abbauen. Und für Wien fühlen sich die Schläge und Tritte einfach nur nach massierender Aufmerksamkeit an.

Sperma in der Lederhose

Zwei Dinge verwirren mich in Österreich. Okay, vielleicht auch mehr. Aber starten wir erst einmal mit zweien.

Niemand will sich über den Zweiten Weltkrieg lustig machen. Und doch rennen die Hitlerwitze im vertrauten Freundeskreis heiß. Gabriel ist das beste Beispiel dafür. Er kennt genauso viele Naziwitze wie Inzestwitze. Und manchmal ist es ein Nazi-Inzest-Witz! Er ist besessen!

In Österreich ist es gesellschaftsfähig, außerhalb einer Sado-Maso-Party ungewaschene Lederhosen zu tragen.

Für diese beiden Dinge mag ich die verstörenden Seiten Österreichs aber auch so sehr.

Und ich meine das Wort »verstörend« ernst.

Ich meine, in Österreich gibt es Dinge wie einen Tschurifetzn[23]! Was zum Teufel?!

Einer der beliebtesten Austropop-Stars hat sogar einen Song darüber geschrieben!

Aber lassen wir den legendären Georg Danzer doch einfach selbst erklären.

[23] Tschurifetzn: Ein Spermatuch

»Des is a Tiachl, bitte sehr,
Was ma nimmt nach dem Geschlechtsverkehr.
Ma sollt' es also nicht benutzen
zum Schuhe- oder Fensterputzen.
Ma hat's halt liegen, griffbereit,
unterm Bett, ist's wieder an der Zeit.«

Vielleicht ist das aber gar nicht verstörend. Vielleicht ist die Tatsache, dass Österreich den Tschurifetzen erfunden hat, nur ein weiteres Beispiel dafür, wie praktisch veranlagt die Menschen hier sind.

Auch die Lederhose ist besonders praktisch veranlagt: Mein Freundeskreis hat mir berichtet, dass die meisten Männer ihre Lederhosen nie waschen – und dass das niemand merkt. Weil das Leder nämlich alles aufsaugt, womit es beschmutzt wird. Bier, Schweiß, Pipi und Tschuri. Alles wird Teil des glänzenden Materials.

Manche Männer, so wie Gabriels Opa, tragen ihre Lederhose einfach jeden Tag. Von der Hochzeit bis zur Arbeit sind sie ein Outfit, bei dem niemand zweimal hinschaut. Ausgenommen die Wienerinnen und Wiener, bei denen das nicht Usus ist. Und vielleicht ein naiver Ausländer wie ich.

Und dann gibt es da noch das Dirndl. Ein traditionelles Kleid, das so geschneidert wurde, dass es allen schmeichelt, die es tragen. (Ich sah darin einfach zum Anbeißen aus.)

Ich sage jetzt etwas, das ich noch niemandem erzählt habe: Wenn man sich auf die Tracht einlässt und das komplette Outfit trägt – also Dirndl mit Bluse und Schürze oder Lederhose, rot-weißes Hemd, die hohen Socken und die braunen Schuhe – sieht man automatisch sexy aus.

Ja! Für mich sind diese Outfits unbestreitbar sexy. Auch wenn wir uns damit alle in einer abgefuckten Weise der rückwärtsgewandten bäuerlichen Kostümparty der starren Geschlechterrollen hingeben.

Die einzige Tracht Australiens beinhaltet Flipflops, Boardies und Bikinis. Für mich sind solche opulenten Garderoben ein Novum.

Ich weiß, dass die österreichische Tracht für viele Teil ihrer Tradition ist. Andere wiederum sehen sie als ein Symbol für eine Art konservativen Nationalismus. Ich denke, dass die Tracht nur deshalb so wirkt, weil wir Uniformismus gerade in Deutschland und Österreich noch immer mit den Gräueln des Zweiten Weltkriegs assoziieren. Außerdem habe ich das Gefühl, dass alles, was als Österreich-Stolz identifiziert werden kann, für einige einfach eklig ist. Das muss schwierig sein.

Ich trage ab und zu meine Thongs, um meine australischen Wurzeln zu spüren. Eigentlich ist mein ideales Outfit auf einer Kostümparty eine Lederhose mit Flipflops. Gerade für amerikanische Expats ist das immer sehr irritierend.

Apropos irritiert: Ich frage mich, wie viel Geld mit diesen »No kangaroos in Austria«-T-Shirts verdient wird, die in jedem Souvenirladen hängen. Die neben der Plastik-Lederhose aus China oder der Kochschürze, auf die ein Dirndl gedruckt wurde.

Ich kann mir die Leute in der chinesischen Fabrik richtiggehend vorstellen, wenn sie solch kitschigen Mist herstellen müssen. Je nach Auftrag werden sie von ihren Fließbändern und Latexformen aufblicken, sich ansehen und gleichzeitig sagen: »Mein Gott, wer trägt denn so etwas?«

Ganz Österreich, ihr Lieben. Ganz Österreich.

Und der eine oder andere australische Tourist, der seiner Partnerin einen deutschen Porno vorspielen will. Ähem.

Tracht, Lederhosen und Dirndl

Das sagt der Österreicher dazu:

Meine erste Assoziation mit Tracht, Lederhosen und Dirndl ist mein steirischer Großvater. Er hat das immer getragen. Immer. Jeden Tag hatte er ein Dirndl an. Äh, Lederhose. Hätte er jeden Tag ein Dirndl getragen, hätte er die Steiermark für immer verlassen müssen. Mein Opa ist gern und oft in Leder-Latzhosen, einem karierten Hemd, langen grünen Strümpfen, die bis zu den Knien hochgezogen waren, einem Jagdjanker[24] und mit einem Filzhut mit langem Gamsbart darauf aufgetreten. Das war halt so. Mein Opa war Jäger, Christ, Naturmensch und politisch eher Mitte links eingestellt. Ich war hunderte Male mit ihm im Wald. Auf Wildschau, Lecksalzsteine für Wildtiere nachbestücken, am Hochsitz in der Nacht sitzen und dabei Füchse und Rehe im Revier zählen. Ich habe gesehen, wie viel Liebe, Herzblut und Leidenschaft dieser Mann in den Wald und dessen Bewohner steckte. Der Wald und die Natur waren für meinen Opa das Leben. Trotzdem hat er bestimmt über tausend Tiere erschossen. »Aus Freude an der Jagd und um das Gleichgewicht des Waldes zu regulieren«, sagte er zumindest.

Hunderte Krickerl[25], ausgestopfte Tiere und andere ehemalige Lebewesen haben als Trophäe sein Haus geschmückt. Siehe Kapitel »Tote Tiere an der Wand«. Oft genug war ich auf der Jagd mit dabei und habe mit eigenen Augen gesehen, wie sehr dieser Mann das Leben und das würdevolle Sterben ei-

---

[24] Jagdjanker: Jagdjacke, meist bestehend aus Loden und Leder.
[25] Krickerl: Geweih eines Rehbocks, meist an einer Holzscheibe montiert.

nes Tieres respektiert und berücksichtigt hat. All diese Erfahrungen sind in meinem Kopf mit Tracht, Lederhosen, Dirndl, Land und Tradition verknüpft. Nicht aber Nationalstolz, rechtes Gedankengut oder Ausländerfeindlichkeit.

Ich erinnere mich noch genau, als die Flüchtlingskrise 2015 und 2016 die Welt beschäftigte und Österreich in einen Ausnahmezustand versetzte. Zu Ostern 2016 standen mein Bruder und ich in der Steiermark an einem Osterfeuer mit Burschen aus der Landjugend. Die meisten kennen wir von Geburt an. Ich war Anfang zwanzig und habe den völlig überfüllten Westbahnhof in Wien live miterlebt. Das ganze Leid, die Armut und die verängstigten Menschen, die aus ihrer Heimat wegen eines Krieges flüchten mussten, für den sie gar nichts konnten.

Es war auch das Jahr der Präsidentschaftswahl in Österreich. Der politisch eher linke Alexander van der Bellen gegen den politisch eher rechten Norbert Hofer. Dieses Thema ist, wie zu erwarten, am Osterfeuer aufgetaucht. Mein Bruder und ich haben ein paar herabwürdigende Kommentare einiger Landburschen runterschlucken müssen, doch irgendwann ist uns beiden der Kragen geplatzt. Wir sind für Bier und Feuer gekommen, nicht für rechte Parolen und Wahlkampfwerbung. Aussagen wie »Wenn die alle in die Steiermark kommen, werden die schon sehen, wie ich mein Land verteidige« »Die wollen alle bleiben und werden uns alles wegnehmen« oder »Die haben alle ein Handy, so schlecht kann es denen ja nicht gehen« waren noch die harmlosesten Kommentare. Machen wir's kurz. Wir hatten fast eine Schlägerei. Jung, angesoffen und in ihren Augen linksliberale Wiener Patzis, die keine Ahnung von Arbeit, Österreich oder dessen Traditionen haben. Unsere engsten Freunde und Nachbarn vom Haus unserer Großeltern haben zum Glück die Situation entschärft und deeskalierend auf alle eingeredet. Allen eine weitere Flasche Bier in die Hand gedrückt und das Thema gewechselt. Am nächsten Tag wusste es bereits die ganze Gemeinde. Yep, am Land geht das ziemlich schnell! Die Wiener wieder. Was die Wiener wieder gemacht haben. Die können sich nicht benehmen.

In so kleinen Gemeinden spricht sich das sofort herum, wenn die linken Wiener fast eine Schlägerei mit den Dorfburschen anfangen. Mein Bruder und ich saßen am nächsten Tag mit meiner Oma am Frühstückstisch – mein Opa war zu der Zeit leider schon verstorben – wir entschuldigten uns für den Radau und den schlechten Ruf, den wir ihr gemacht hatten. Sie sagte nur: »Na, na Burschen, die können ruhig wissen, dass wir nix gegen Ausländer haben.« Das sind meine Erinnerungen an das Land. Meine Großeltern waren beide sehr traditionsreich und trugen ihre Tracht voller Stolz. Sie hatten aber keinen Funken Menschenfeindlichkeit in sich. Sie haben die christliche Nächstenliebe wirklich gelebt. So habe ich's gelernt.

Natürlich war die Pille umso bitterer zu Schlucken, als ich zum ersten Mal zu Hause in Wien gecheckt habe, dass zumindest in meiner linken Wiener-veganen-Hipster-Hafermilch-Bubble, in der ich lebe, Tracht, Tradition, Österreich,

Lederhosen und Dirndl oft automatisch mit Nationalismus und rechtem Gedankengut gleichgesetzt werden. Wenn du da Tracht trägst, bist du bei vielen der rechte, konservative und altbackene Landbursch, der seinen Seitenscheitel zu weit rechts trägt. Lederhosen habe ich selten in Wien getragen. Ich hätte mich geschämt, obwohl ich es immer toll fand, meinen Opa darin zu sehen. Wie kann so ein Stück Tierhaut bitte so polarisieren? Wieso zum Teufel sollte eine Lederhose gleich rechtsradikal sein? Konservativ ja, aber rechtsradikal?

Klar tragen sie deutlich mehr rechte und konservative Menschen, das heißt aber noch lange nicht, dass ihnen die Tracht, Lederhose und Dirndl, gehören sollten. Meine Großeltern haben mir beigebracht, mein Heimatland und dessen Traditionen zu ehren und zu schätzen. Genauso wie jeden Menschen, der vor Leid aus seinem Land flüchten muss. Man kann weltoffen sein und trotzdem Tracht tragen. Man kann in seine Lederhose voller Sperma schlüpfen und trotzdem weltoffen sein und sich nicht von depperten rechten Parolen einlullen lassen. Nur weil man Tracht trägt, klebt nicht gleich automatisch ein Hitlerbärtchen im Gesicht.

Man entscheidet jeden Tag selbst, welcher Mensch man sein möchte und wie man mit seinen Mitmenschen umgeht. Auch wenn man eine Lederhose oder ein Dirndl trägt. Versteht mich nicht falsch. Ich trage nicht oft eine Lederhose. Wahrscheinlich nur ein paarmal im Jahr. Aber wenn ich sie tragen möchte, muss das gefälligst möglich sein, ohne gleich mit beschämten Augen in der Stadt angestarrt zu werden. Wenn du Offenheit verlangst, musst du sie auch geben!

Ich bin im Herzen der zwei Bobo-Hipster-Kunst-Bezirke in Wien aufgewachsen. Der sechste und der siebte Wiener Gemeindebezirk, Mariahilf und Neubau, sind mein Zuhause. Mein Dorf. Meine Gemeinde. Die Hochburg aller Kunstschaffenden Österreichs.

In Mariahilf und Neubau füttert man
keine Haustiere, sondern Sauerteig.

Dort sind die Menschen frei. Versuchen es zumindest zu sein. Alle können so sein, wie sie wollen. Menschen rennen mit den witzigsten Kleidungsstilen herum und kombinieren bunte Netz-Oberteile mit Dreiviertelhosen und Vokuhilaschnitt. Wenn du dort aber mit Lederhose oder einem Dirndl durch die Gassen ziehst, starren dich die Leute so an, als hättest du ein Hakenkreuz-T-Shirt an. Wenn du mir nicht glaubst, dann geh selber einmal mit einer Lederhose zum Latte-Macchiato-Strich in die Zollergasse und lass die Blicke auf dich wirken. Dort werden nur Lederhosen vom Darkroom-Rave akzeptiert. Mehr Ironie gibt es nur beim Kabarett. Die Hose allein macht dich nicht zum Oaschloch, sondern das, was du sagst, tust und lebst. Dabei ist es völlig egal, was du trägst. Die Hauptsache ist, du fühlst dich wohl dabei! Außer natürlich SS-Armbinden und Hakenkreuz-T-Shirts! Weg vom Nazidreck, liebe Kinder!

Am Land ist
alles anders!

»Holy shit, ich muss kotzen, wenn ich noch einen trinke!«

»Wooohoooooooooooooooo!«

»Peng, peng, peng, peng, peng, peng, peng.«

»Zam zam zam zam ZAM ZAM ZAM! Prooooost!«

Ich schnippe mir die Klopferkappe von der Nase und lasse mich mit dem Oberkörper auf die Theke plumpsen.

Keine Ahnung, wie viele Jägermeister und kleine Feiglinge ich inzwischen getrunken habe. Zumindest weiß ich aber genau, dass ich nicht mehr selbständig stehen kann.

Jemand drückt mir ein weiteres Bier in die Hand. Ein Typ mit Socken bis zu den Knien, grünem Filzhut und Lederhose legt seinen Arm um mich und brüllt mir ins Ohr:

> *»Es trinkt der Mensch,*
> *es säuft das Pferd.*
> *Heute ist es umgekehrt!«*

Und jetzt tanze ich.

Stolpernd.

Und dann am Boden liegend.

Meine Vermutung war richtig. Ohne den stützenden Arm dieses liebevollen Tubaspielers aus einem Vorort von Amstetten kann ich wirklich nicht mehr stehen.

Einige Stunden später wache ich auf. Ich verbringe den Vormittag damit, ein Reparaturseidl zu schlürfen, während ich mit dem hochsockigen Tubaspieler Golfbälle auf ein

Bauernfeld schlage. (Keine Sorge. Es wurden keine Kühe getroffen.)

Das war also meine Einführung in das österreichische Landleben. Ein Feuerwehrfest.

Wenn man in Wien lebt, kann man schon mal vergessen, dass ein großer Teil der österreichischen Bevölkerung vom Klang der Kuhglocken und Gebirgsbäche geweckt wird. In Wien blitzt dir morgens maximal der nackte Hintern deines Nachbarn von der gegenüberliegenden Straßenseite entgegen, begleitet vom harmonischen Singsang der Polizeisirenen.

Nur Gott weiß, warum wir bei so einem Vergleich dann überhaupt in der Stadt leben. Nun, es gibt Gründe.

Einer dieser Gründe dröhnt aus den Lautsprechern des steirischen Gasthauses, in dem wir wohnen, während wir dieses Buch recherchieren und schreiben.

Es ist Andreas Gabalier.

»I sing a Liad für di!«

Nein, bitte sing kein Lied für mich, Andreas. Ist gar nicht nötig.

Versteh mich nicht falsch, Andreas Gabalier. Du bist ein Superstar diesseits der Alpen. Du hast ausverkaufte Stadiumskonzerte gespielt. Und sie schreien deinen Namen, wenn du in deinem Rockabilly-Trachten-Mix auf die Bühne kommst.

Du singst davon, dass jemand sein Dirndl »g'scheit« bügeln soll (»Bügel dein Dirndl g'scheit auf«) und bekommst dafür 1,7 Millionen Views auf Youtube. Millionen von Aufrufen für ein Lied über das Bügeln! Den Haushalt zu machen hat sich für mich nie lukrativer angefühlt!

Das österreichische Landleben kannst du leicht mit einem Konzert von Andreas Gabalier verwechseln. Die meisten Leute, die man trifft, lieben Österreich über alles. (Und ich meine ALLES.) Lederhosen sind ein Muss, überall hängen tote Tierschädel herum und irgendwo kann ein Trottel es nicht lassen, sein Akkordeon zu spielen.

Wenn man wirklich verstehen will, wie Österreich tickt, kann man sich nicht mit den Metropolen zufriedengeben. Man muss aufs Land fahren. Und die dort eng verwobenen Gemeinschaften infiltrieren.

Um mich nicht allein dieser Gefahr auszusetzen, habe ich einen Neuseeländer angeworben. Jep, ein Australier und ein Neuseeländer werden dir jetzt erzählen, was es mit Österreich auf sich hat.

Der Kiwi ist der TikTok-Influencer Jonathon Balchin, aka *@austriankiwii*.

Falls du ihn noch nicht kennst: Jonny feiert auf Social Media große Erfolge. Er spricht über das Landleben in Österreich und kommt dabei mega sympathisch rüber.

Wieso aber lebt ein Neuseeländer plötzlich in Salzburg? Genau: der Liebe wegen. Er kam wegen seiner Partnerin hierher und blieb wegen Bier, Jause und der »Passt scho«-Mentalität. (Und auch wegen seiner Partnerin, soweit ich weiß.)

Wie würde Jonny die Menschen in Österreich zusammen-fassen? Sie seien »eine Gruppe von netten, großzügigen Menschen, die oft in ihrer eigenen Bubble leben und das Leben genießen wollen«. Sehr passend, finde ich.

Nehmen wir zum Beispiel die Stadt Thörl, wo Gabriel und ich zu Besuch waren, als wir dieses Buch schrieben. Thörl hält sich an die Blaupause einer jeden österreichischen Stadt – abzüglich einiger Einzigartigkeiten natürlich.

Es ist eine Stadt mit etwas mehr als zweitausend Einwohnerinnen und Einwohnern, die im Durchschnitt mindestens 14 Kilometer voneinander entfernt wohnen.

Sie hat fünf Vereine. Einen Billa. Einen Fußballplatz. Mehrere schöne, aber leere Gebäude, die eine Reinigung und einen neuen Anstrich brauchen. Dann sind da eine Burgruine, eine Trafik, vier Kirchen, eine glorreiche industrielle Vergangenheit und ein Swingerclub am Rande der Stadt. Und sie ist umgeben von Kühen, Kühen, Kühen und noch mehr Kühen, die alle mehr oder weniger intensiv ins Leere starren.

Alles ist ordentlich und sauber. Die Straßen, die Wanderwege, die Wälder. Alles ist tadellos. Oh, und es ist wirklich ruhig hier.

Thörl hat übrigens auch ein Wirtshaus. Und in diesem Wirtshaus wird uns nach einer Schüssel Leberknödelsuppe ein Monsterschnitzel serviert.

Unnötig zu sagen, dass wir nach so viel Essen satt sind. Deshalb sind wir auch so überrascht, als unsere unglaublich süße

Kellnerin mit einem unglaublich dicken steirischen Akzent um Verzeihung bittet – weil es nur eine ›Kleinigkeit‹ gewesen sei.

»Was soll das heißen? Es war so viel, ich könnte mich da drüben auf die Bank legen und sofort einschlafen!«, erwidert Gabriel.

»NA! GEEEEEEEHHHH!!!«, brach es aus ihr heraus.

Ich schwöre, sie hielt das »Geeeeeh« eine halbe Minute lang aus und packte am Schluss sogar noch ein bisschen Vibrato drauf.

Ich liebe solche Ausdrücke, oder eben Laute, die die Österreicherinnen und Österreicher machen.

Es gibt so viele davon!

Geh! Achso! Jo eh! Geh fix! Najo! Jojo! Nana! Nona! Na no na net! (Das wiederholst du jetzt alles zehnmal schnell mit einem Mund voller Spritzer!)

Wenn du, wie diese Österreicherin, die Laute dann auch noch dehnst, macht das einen großen Unterschied in der Bedeutung.

»Achso« bedeutet zum Beispiel »Ah, verstehe«. Während »Achsoooooooo« übersetzt so viel wie »Ach du Scheiße! Ich hatte ja keine Ahnung! Jetzt verstehe ich dich!« aussagt.

Oder »Jo eh« bedeutet »Ja, natürlich«. Ein langgezogenes »Jo eeeeehhhh!« heißt aber eher »Verdammt nochmal ja, du Wichser!«.

Oder wie die Kellnerin vorhin mit ihrem »Na geeeehh« demonstriert hat: Sie glaubt Gabriel kein Wort und reibt ihm richtig schön unter die Nase, dass sie unser Monsterschnitzel für ein fuzzikleines Spaßschnitzi hält.

Mein Favorit unter diesen Aussprüchen ist »Jein«. Das ist pure Poesie. Es ist ein Ja und ein Nein, alles in ein Wort verpackt. Es ist das Yin- und Yang-Symbol der deutschen Sprache und äußerst nützlich für unentschlossene Menschen. Mit einem solchen Wort kannst du dich vor allen Entscheidungen drücken und musst eine unangenehme Frage nie wieder klar beantworten.

Willst du diesen Mann zu deinem rechtmäßig angetrauten Ehemann nehmen?

– »Jein.«

Bohrst du manchmal in der Nase, wenn niemand zuschaut?

– »Jein.«

Essen die Menschen auf dem Land mehr als in der Stadt?

– »Jein.«

Okay, bei der letzten Frage klappt es nicht. Die Antwort sollte ein klares und begeistertes »Geh fix!« sein.

Die großen Essensmengen erklären sich vielleicht dadurch, dass man in Österreich – und eben gerade am Land – viel Zeit damit verbringt, bei einer Mahlzeit zusammenzusitzen und zu plaudern.

Ich lasse das Jonny kurz erklären:

»Hier ist es sozialer Kitt, wenn man mit der Familie zusammensitzt, gemeinsam isst und drei bis vier Stunden über andere Leute redet.« Netflix scheint am Land nicht ganz so hoch im Kurs zu sein.

»Hey Hasi, heute Abend Lust auf Klatsch und Tratsch und Chill?«

Diese Klatschorgien sorgen übrigens auch dafür, dass die Gemeinschaft miteinander auskommt. Die Menschen sind sich immer bewusst, dass alles, was sie tun, irgendwann von der Familie bei einer Mahlzeit und einem Bier besprochen werden kann.

»Es ist sehr wichtig, hier draußen gute Nachbarschaft zu pflegen. Man lädt Leute zu seiner Hochzeit ein, auch wenn man sie nicht so gut kennt. Und wenn man zufällig jemanden trifft, gibt man der Person ein Bier aus«, erzählt Jonny.

Im Umkehrschluss werde ich von meinen Nachbarn wahrscheinlich nicht zu ihrer Hochzeit eingeladen. Ich klopfe immer an die Wand, wenn sie lauten Sex haben. Also, nicht um sie anzufeuern, sondern um zu signalisieren, dass ich es gern etwas leiser hätte. Zu dieser Hochzeit würde ich allerdings auch nicht gehen wollen. Wer wie eine sterbende Katze wimmert, wenn er kommt, kann garantiert keine gute Party schmeißen.

»Die Dorfratschn ist ein großer Teil des Lebens auf dem Land in Österreich«, sagt Jonny.

Als er in die Salzburger Gegend gezogen war, ging in der Gemeinde das Gerücht um, dass »der Neue« ein Schwarzer sei.

»Ich war erstaunt, wie schnell sich dieses Gerücht verbreitete!«, so Jonny.

Und das, obwohl Jonny so weiß wie eine österreichische Vollblut-Schneeflocke ist. Aber Hauptsache man hatte wieder eine Schlagzeile, über die man klatschen und tratschen konnte.

Statt dem Namensschild am Ortseingang sollten Dörfer einfach nur den Satz »Des homma immer scho so gmocht!« aufhängen.

Das ist die Sache, die Jonny bei seiner Ankunft am meisten beeindruckt hat:

»Den Traditionen zu folgen und die Dinge so zu tun, wie sie immer getan wurden. Das ist den Menschen hier immens wichtig. Und das hat mich am Anfang absolut überrascht. Als wäre es seltsam, Dinge zu hinterfragen oder zu verändern.«

Ein Beispiel dafür ist die Beziehung vieler Menschen zum Glauben. Jedes Jahr räuchern sie das Haus aus, beten, segnen die Kühe und alles andere im Hausstand. Man kann die Uhr danach stellen.

»Das andere fast religiöse Ritual ist, dass sie sonntags immer Schnitzel oder Schweinsbraten machen. Das ist ein besonderer Tag.«

Die Kirche des heiligen Sonntagsschnitzels? Wo kann ich unterschreiben?

Die Dinge immer gleich und vorhersehbar zu halten, ist Teil der »Passt scho«-Mentalität Österreichs. Sowohl Jonny als auch ich lieben diese kulturelle Besonderheit des Landes.

»Ich habe mich sogar dabei ertappt, dass ich »Passt scho« benutze, wenn ich Englisch spreche. So sehr liebe ich es«, gibt Jonny zu.

Ich bin kein Experte für Traditionen, aber hier ist meine Theorie: Die Menschen klammern sich an ihre Traditionen, bis ihre Knöchel weiß werden. Sie versuchen so, die Zeit einzufrieren und den raschen Wandel aufzuhalten, der den Rest der Welt erschüttert und ihre schöne kleine Stadt und ihr Leben heimsuchen will.

Traditionen fühlen sich sicher und vorhersehbar an, wie eine Umarmung aus der eigenen Kindheit. Wer kann es den Menschen verdenken, den Traditionen Sorge tragen zu wollen?

Viele Dinge werden auf dem Lande getan, weil es die Generationen zuvor vorgelebt haben.

Wie zum Beispiel das Trinken – eine zweifelhafte Tradition, die seit jeher zum Kern der österreichischen Kultur am Land gehört. Sie wird von einem Vater an seinen Sohn weitergegeben, und der gibt sie an seinen Sohn weiter. Und mittlerweile sicher auch an seine Tochter.

Die unglaublichsten Trinkgelage, die ich je erlebt habe, waren Teil von österreichischen Hochzeiten auf dem Land. Das waren auch die lustigsten Hochzeiten, auf denen ich Gast sein durfte.

Auf dem Land bekommen Hochzeiten gern einen Plot Twist: In der einen Minute ist es superernst mit einem Paar, das in einer Kirche seine heilige Liebe zueinander erklärt.

Im nächsten Moment wird die Braut gestohlen und der Bräutigam muss sie finden. Hat er das geschafft, werden in Rekordzeit mehrere Liter Wein vernichtet, und die Party geht in den Hyperdrive über.

Der Großteil Österreichs besteht aus Stille und etwa fünfzig Grüntönen.

Siebzig bis achtzig Prozent von Österreich sind ländlicher Natur. Und weil die Leute oft sagen, dass auch Wien ein »Dorf« sei, müsste man die größte Stadt des Landes wohl auch zum Land zählen.

Zumindest sind viele Menschen, die in Wien wohnen, vorher am Land aufgewachsen.

Die erzählen dir davon, wie sie als Kinder im Wald und auf den Feldern gespielt haben und erst zum Abendessen nach Hause gekommen sind.

Ich denke oft an diese Geschichten. Etwa wenn ich meine Kinder dabei beobachte, wie sie vor einem Billa einem Plastiksackerl hinterherjagen, das im Wiener Stadtwind auf und nieder tanzt.

Wenn ich meine Stadtkinder in den Wald mitnehme, reagieren sie wie Stadthunde: Zuerst zögern sie, wollen nicht aus dem Auto aussteigen und wissen nicht, was sie mit all der freien grünen Fläche anfangen sollen.

Mitten im Wald fragen sie mich dann gern, wo hier das nächste Café sei. Sie hätten Lust auf einen Babycino und ein mürbes Kipferl.

Früher oder später berauscht sie der Geruch von Kiefernholz und frischer Waldluft und weckt ihr ursprüngliches Selbst. Das merkt man immer daran, dass sie sich von mir losreißen, einen imaginären Mond anheulen und ungeniert in den Wald pinkeln.

Als Australier erstaunt es mich immer noch, dass sie all das tun können, ohne Angst haben zu müssen, dass ihnen irgendein tödliches kleines Wesen in den Hintern beißt.

Na ja, in Österreich gibt es vielleicht keine Schlangen, dafür aber diese Zecken, von denen man all diese seltsamen Krankheiten bekommt. Und ich glaube, die Menschen in Österreich nehmen die Zecken ernster als wir Australier die Schlangen.

Vor einer Wanderung in Österreich wirst du garantiert gefragt, ob du schon deine Zeckenimpfung hattest. Niemand geht in den australischen Busch und fragt: »Hast du das Schlangen-Gegengift dabei?«

Wien ist anders als Österreich. Und Österreich ist anders als der Rest der Welt.

Wenn du jetzt einen Neuseeländer und einen Australier fragen würdest, wie es ihnen hier so gefällt, kann ich dir eine Antwort fast garantieren:

»Jo eh. Passt scho.«

Who the fuck
is Krampus?

»Kramperl! Kramperl! Kramperl!«, riefen die Kinder frech. Man hätte meinen können, dass sie den Nikolo verhöhnen – aber gemeint waren die zehn gefährlich aussehenden Krampusse, die gemeinsam mit St. Nikolaus auf dem Umzugswagen standen. Auf ein Kommando sprangen die gruseligen Gestalten plötzlich in die Menge und begannen, mit Ruten auf die Kinder und Jugendlichen einzuschlagen. Wer schnell genug rennen konnte, rettete sich. Doch viele hatten am nächsten Tag blaue Flecken am ganzen Körper.

So schildert Sigrid – Gabriels Mutter – den Krampuslauf, wie er in ihren Kindertagen in der Obersteiermark ablief.

Wir sind extra ins steirische Outback gereist, um kulturelle Hintergründe für dieses Buch zu recherchieren.

Der Krampuslauf ist ein bisschen wie das spanische Stiertreiben. Aber statt einem Horn in den Allerwertesten kriegst du einen harten Rutenschlag auf die Oberschenkel.

Susi setzt sich zu uns. Sie ist Besitzerin der Pension, in der wir gerade wohnen. Auch sie hat ein Krampus-Trauma: »Die haben früher viel härter zugeschlagen als heute. Ich hatte vor und nach diesen Tagen immer Angst, von ihnen in meinem Zimmer gefunden zu werden, und hab mich dann versteckt.«

In den weichgespülten 2020er-Jahren scheint alles anders zu sein: »Heutzutage klopfen sie den Kindern nur noch auf die Beine«, sagt sie, während sie halbherzig mit der Hand herumfuchtelt, als würde sie ein Kind mit einem Krampusstock schlagen. Sie scheint aufrichtig enttäuscht, dass sich die Zeiten geändert haben und Kinder nach einem Krampuslauf keine blauen Flecken mehr haben. Eine Gesellschaft von Snowflakes und Beckenrandschwimmerinnen.

Oft höre ich, dass das österreichische Volk eine dunkle Seite hat. Dass da etwas ist, das nicht hundertprozentig stimmt. Was erklären würde, warum die Menschen in diesem Land eher zurückhaltend sind, wenig risikofreudig und verschlossener als ihre Gegenstücke aus dem Süden und Osten.

Nun, ich habe endlich herausgefunden, woher das kommt. Ich habe eine Diagnose für euch, ihr armen Menschen in Österreich.

Ihr seid ein Volk von krampustraumatisierten Kindern.

Tief in eurem Unterbewusstsein hört ihr es ständig. Das Läuten der Glocken, das Klirren der Schellen und Ketten des Krampus, der in übermenschlichem Tempo auf euch zukommt.

Es ist diese dunkle, haarige, zottelige, halbziegenartige Teufelsgestalt mit der grotesken holzgeschnitzten Maske. Sie versetzt selbst Erwachsene in Angst und Schrecken, obwohl sie wissen, dass sich darunter nur ein beschwipster Kerl befindet. Egal, ob Kind oder volljährig: Wenn man von so einem Mistkerl verfolgt wird, muss das doch langanhaltende Auswirkungen auf die geistige Gesundheit haben.

Aber was zum Krampus ist ein Krampus eigentlich?

Die meisten sagen, es sei der Sidekick von St. Nikolaus. St. Nikolaus ist der freundliche Heilige, der den Kindern am 6. Dezember Geschenke bringt. Der Krampus hat die Aufgabe, die unartigen von den artigen Kindern zu trennen. Laut Internet hat das zwar heidnische Wurzeln, wurde von der Kirche aber mit »5 von 5 Sternen, nehmen wir« kommentiert und in den Wertekanon aufgenommen. So steht der Nikolo für den Himmel und der Krampus für die Hölle.

In der Stadt, in der wir gerade sind, hängt im Wirtshaus ein Bild von einem Krampusverein. Darauf sieht man einige Krampusse. Krampen. Krampi. Keine Ahnung. Jedenfalls einige Typen mit Krampusmaske. Die »Hochschwob-Teifln«. Einer hat die Maske abgenommen und wirkt wie der verschwitzte Al Pacino aus Taxi Driver.

Mich fasziniert, dass diese Tradition immer noch lebendig ist und dass der Krampuslauf von immer mehr Menschen besucht wird. Gleichzeitig frage ich mich, was jemanden dazu veranlasst, überhaupt Krampus zu werden. Es ist Freiwilligenarbeit ohne Bezahlung. Kannst du dir die Stellenanzeige vorstellen?

»Sie müssen es lieben, herumzurennen und Menschen zu erschrecken. Spezialgebiet: das Traumatisieren kleiner Kinder. Starke Nackenmuskeln von Vorteil, da Holzmasken sehr schwer sind. Vorteil des Jobs: Sie dürfen alle schlagen, die sich Ihnen in den Weg stellen. Kein Obstkorb, kein Homeoffice.«

Sigrid meint, dass viele junge Männer Krampus werden wollen, weil man so Mädchen aufreißen kann. Hmm. Wenn haarige Monster bessere Chancen beim anderen Geschlecht haben, hätte ich in meiner Singlezeit meine Karten wohl besser ausspielen sollen.

Ich frage Susi, warum sie immer noch zum Krampuslauf geht, wo sie doch als Kind so viel Angst davor hatte.

»Ist halt Tradition«, antwortet sie.

Es ist so herrlich einfach. Am Land tun die Menschen Dinge, weil sie Tradition sind. Jahr für Jahr. Und ohne Fragen zu stellen.

Ich glaube auch, dass die Leute den Nervenkitzel daran lieben. Es wirkt gruselig und gefährlich.

Außerdem ist um den Krampuslauf eine ganze Industrie entstanden.

Ein handgefertigtes Kostüm kann 6.000 Euro oder mehr kosten. Auf Etsy werden komplette Krampus-Bausätze verkauft.

Wenn du eh schon zottelig und unansehnlich bist, reicht vielleicht auch ein Krampuskopf. Den kriegst du handgeschnitzt auf dem Online-Marktplatz Willhaben für ein paar hundert Euro.

Oder du buchst dir einfach einen Krampus für deine nächste Firmenfeier. Das kannst du ebenfalls über Willhaben machen.

Aber wer würde das tun? Ich meine, wenn es eine Stripperin oder ein Stripper wäre, hätten wir zumindest eine sehr nischenhafte Stripshow am Start.

Dass du aber verkleidete Teufelsgestalten mit jahrhundertealter Tradition über eine Onlineplattform buchen kannst, ist hier etwas ganz Normales. Und das finde ich genial. Es wird Zeit, dass auch der Rest der Welt einen Haufen besoffener, haariger Dämonentypen als normal annimmt, die durch die Straßen laufen und unanständige Menschen verprügeln. Es gibt genug Depperte auf der Welt, die das gebrauchen könnten.

Wichtig: Ich befürworte Gewalt in keiner Weise. Es sei denn, sie steht im Krampus-Kodex. In diesem Fall ist es einfach Tradition.

Tote Tiere an
der Wand

Ich glaube, es ist keine Lüge, wenn ich behaupte, dass die überwiegende Mehrheit in diesem Land ein totes Tier an der Wand hängen hat oder zumindest jemanden kennt, der das tut. Auch wenn es nicht stimmt, es ist Jacobs und mein Buch und wir schreiben hier, was wir wollen.

Ohne Jacob würde es dieses Kapitel auch gar nicht geben. So ehrlich muss man sein. Erst durch ihn ist mir aufgefallen, dass es vielleicht nicht ganz normal ist, sich tote Tiere an die Wand zu hängen. Oder wie der aktuelle Bundeskanzler von Österreich, Karl Nehammer, sagen würde: »Was ist überhaupt noch normal? Bin ich noch normal? Bist du noch normal?«

Interior Designs wie *Boho, Scandinavian* oder japanischer Stil sind sehr beliebt und zieren viele Wände weltweit. In Österreich heißt der Interior Stil: **Krickerl auf Holz**. Man hängt sich gern tote Tiere als Trophäe oder Schmuck an die Wand. »Weniger ist mehr« ist hier nicht. Mehr ist mehr und noch mehr ist noch geiler!

Mein Opa war Jäger in der Steiermark und leidenschaftlicher Sammler toter Tiere. Stellen wir uns sein Haus einmal vor. Stellen wir uns jetzt alle seine vier weißen Wände vor. Wie viele Tiere siehst du an den Wänden? Eins, zwei, drei? Vielleicht vier oder doch schon zehn? Die Antwort lautet: Bullshit! Über dreihundert Köpfe toter Rehe, Hirsche, Mufflons, Gamsböcke und anderer Vierbeiner hingen dort an den Wänden und starrten dich tagein, tagaus an. Für Menschen war das Haus ein kuschelig warmes Zuhause. Für Tiere ein abscheulicher

Friedhof. Sie konnten zwar nicht sprechen, aber ihre Augen schrien vor Angst. Diese toten Tiere waren für mich immer so normal wie der Wind in Wien oder die Freunderlwirtschaft in der Politik. Niemand hat darüber nachgedacht, dass da ein ehemals lebendes Tier jetzt als Trophäe an der Wand hängt und mit kalten Glasaugen auf dich herabblickt.

Am Land ist es nicht unwahrscheinlich, in jedem Haus einen Tierschädel vorzufinden. Und so hat sich das auch in meinem Kopf normalisiert. Als mein Opa verstarb, wurde sich nicht wirklich um das Erbe gestritten. Wenige wollten Geld oder Land. Was alle wollten, war der große Hirschkopf mit einer Geweih-Spannweite von über einem Meter. Das wollten alle mit nach Hause nehmen. Völlig egal, ob nach Wien oder Graz, in die Wohnung oder das Haus. Das war wie der Heilige Gral, der aber nicht in den Kofferraum passte.

Ein großes, schönes Geweih zentral im Haus hängen zu haben ist ein Statussymbol. Das ländliche Äquivalent zum großen, schönen Flatscreen in der Stadt.

Ich habe einen alten ausgestopften Fuchs und drei Krickerl bekommen. Was mache ich damit, habe ich mich gefragt. Was mache ich als damals 19-jähriger Bub mit einem toten Fuchs? Oder noch wichtiger: Was ist, wenn ich ihn nicht will und heimlich in Wien wegschmeißen möchte? Ist das Restmüll?

Biomüll? Oder tierischer Sondermüll? Trennen konnte ich mich dann doch nicht von den Tieren. Ich habe den Fuchs Fritzi getauft und ihn mit den Rehköpfen, so wie vom Opa am Land gelernt, schön zentral an die Wand gemacht und im Vorraum platziert. Somit ist es unmöglich, mir einen Besuch abzustatten und nicht zu sehen, dass ich mich nicht für den Boho, Scandinavian oder japanischen Interior Stil entschieden habe, sondern für **»Welcome to Austria«**.

Ich habe auch schnell gelernt, dass es in der Großstadt nicht immer so gern gesehen ist. Bei meiner ersten Hausparty hatte ich gleich mal eine halbstündige Diskussion mit einem Freund eines Freundes. Er ist Veganer. Tierschützer und Mitglied bei Peta. Ich war betrunken. Oberkörperfrei. Und fand es im wahrsten Sinne des Wortes tierisch lustig, mir den Fuchs Fritzi um den Hals zu wickeln, um einen Wikinger nachzumachen. Fand er nicht witzig.

Na ja, so cool finde ich sie auch nicht, die toten Tiere an der Wand. Irgendwie gehören sie aber zu mir und auch zu Österreich. Zumindest haben die Krickerl eine gute Verwendung als Kappen- und Jackenhalter gefunden. Immerhin besser als in einem Salzburger Wirtshaus, in dem ich mal war. Dort war der Kopf eines Rehbocks am Klo montiert. Sein Geweih fungierte als Klopapierhalterung. Stell dir vor, du bist eine wunderschöne Kreatur des Waldes, die nur aus dem Grund erschossen wurde, einem kackenden Menschen hygienische Hilfestellung leisten zu müssen. Danke dafür, ihr toten Tiere an der Wand.

Männer, die beim Essen auf tote Tiere starren

Das sagt der Australier dazu:
Wer tut so etwas!? Einem Hirsch den Kopf abschneiden. Diesen dann auf ein Holzbrett nageln. Und das ganze unheilige Bild in diesem Wirtshaus an die Wand hängen. Hätte der Kopf nicht mit dem Rest des Leichnams begraben gehört? Oder würde ich den restlichen Körper aus der Hinterseite der Wand herausragen sehen, wenn ich aufs Klo ginge?

Unter dem Kopf hat irgendjemand eine Plakette angebracht. Sie haben dem Toten also auch noch einen Namen gegeben. Nichts Glorreiches, wie es sich für einen Zwölfender gehören würde. Sondern ... Pauli.

Irgendwie sieht er zugedröhnt aus.

Du hast echt glasige Augen, Pauli!

Ich hoffe sehr, dass er stoned war, als er erschossen wurde. Dann hätte sich sein Tod nicht echt angefühlt. Nur wie ein monumentaler Trip.

Fear and Loathing in den Kalkalpen.

Du, ein higher Rothirsch, stehst mitten im Wald. Die Tannenbäume umarmen dich. Kleine Eichhörnchen klatschen in ihre noch kleineren Pfoten. Sie feuern dich an, denn sie spüren die Präsenz des Jägers.

Jetzt heißt es »Zweihundert Kilo leise kicherndes Rotwild gegen Mittvierziger mit zwei Hypotheken und Eheproblemen«.

Aber dir ist das egal. Du bist die verdammte Krone der Waldtierschöpfung. Findet der Jäger auch. Schließlich will er an den beiden Stöcken, die dir aus der Stirn wachsen, in Zukunft seine Regenjacke aufhängen. Du senkst den Kopf, spürst noch diesen kleinen Weed-Hunger tief in dir, und dann **BÄM**.

Wenn du das nächste Mal aufwachst, hängst du tot an der Wand eines Wirtshauses, dein Name ist plötzlich »Pauli« und du bist gezwungen, bis in alle Ewigkeit mitanzusehen, wie Kreaturen wie der Jäger Kreaturen wie dich aufessen. Mit Rotkraut und Kartoffelknödel.

Und du bist zweifellos dabei, wenn dein Arsch von einem der vielen Wanderer verschlungen wird, die du gestern noch munter durch deinen Wald laufen sahst.

Was für ein Trip, Pauli!

Aber Moment: Ich urteile nicht über diese Situation (auch wenn es sich vielleicht gerade so anfühlen mag.) Überall auf der Welt stellen Menschen Trophäen aller Art aus, um sich ihrer Übermacht über die restliche Nahrungskette zu versichern. Ich komme beispielsweise aus einem Land, wo es in Fish-and-Chips-Läden üblich ist, Anglerprofis mit ihren besonders großen Fängen an die Wand zu hängen. (Natürlich nur auf Bildern und in Rahmen.) Diese Menschen halten riesige Fische so liebevoll in ihren Armen, als wären es ihre Neugeborenen. Als zweifacher Vater kann ich das alles streckenweise nachvollziehen und würde das nie verurteilen.

Pauli wiederum verurteilt mich. Ich weiß es mit jedem Blick in seine bekifften, glasigen Augen. Denn Pauli weiß, dass mich sein Anblick zwar jedes Mal aufs Neue schockiert, der Innendekorations-Nerd in mir aber nicht abstreiten kann, dass Paulis Kopf in diesem österreichischen Wirtshaus zur einzigartigen Gemütlichkeit beiträgt.

Möchten Sie über Gott sprechen?

Österreich und Gott. Es war eine so schöne Beziehung. Aber es sollte einfach nicht sein. Ich kann mich noch gut erinnern, als die beiden sich zum ersten Mal kennenlernten und sich nervös in die Augen starrten. Österreich war immer schon etwas schüchtern und traute sich nicht, Gott anzusprechen. Doch Gott war gelassen und entspannt. Wie ein Gott halt so ist. In der Schule verliebten sich die beiden. Gott schwor Österreich die ewige Treue. Wie im Himmel, so auf Erden.

Das Einzige, was er von der Beziehung verlangte, war Glaube, absolute Hingabe und Geld. Nach vielen Jahren der treuen Monogamie ist es aber nicht ungewöhnlich, dass der Wunsch nach etwas frischem Wind immer lauter wird.

Ein Fan von Polyamorie war Gott nie gewesen. Nicht mal an sexuellen Experimenten war er interessiert. Ich meine, jede Beziehung schläft hin und wieder ein. Da kann man doch mal Dinge versuchen, um etwas Schwung in die Kiste zu bringen, oder? Quasi, das Kruzifix mit neuem Öl einlassen. Das Ave-Maria auf Französisch versuchen oder mal richtig schön in österreichischer Manier auf einen Swingerabend gehen. Er wollte keine Dreier, keine offene Beziehung, keine Sexspielchen mit dem Rosenkranz. Nicht einmal kurze Seitensprünge mit Buddhismus oder Hinduismus waren gestattet. An gleichgeschlechtliche Romanzen war gar nicht erst zu denken.

Gott engte die Beziehung immer weiter ein und verlangte ganz komische Dinge, wie Hexenverbrennungen oder missionierende Kreuzzüge. Er war in seinem alten, monogamen und konservativen Beziehungskonstrukt gefangen. Aber Beziehungen müssen mit der Zeit gehen und können nicht stehen bleiben und so tun, als wäre das Paradies schon erreicht. Es kam, wie es kommen musste:

Österreich verließ Gott und trat buchstäblich aus der Beziehung aus.

Allein in den Jahren 2020, 2021 und 2022 sind laut *Statista* über 200.000 Menschen aus der katholischen Kirchen in Österreich ausgetreten. Dazu fällt mir leider nichts anderes als »heilige Scheiße« ein. Da müssen wohl die Kinder, die für den Stephansdom Geld sammeln gehen, ein paar Überstunden machen. 200.000 klingt viel, oder? Laut Statistik Austria waren in Österreich im Jahr 2021 rund sechs Millionen Menschen bekennende Christen. Das sind ungefähr 68 Prozent der Gesamtbevölkerung. DER GESAMTBEVÖLKERUNG! Da wird die Zahl 200.000 gleich ganz winzig.

Das muss man sich mal vor Augen führen. Sechs Millionen Menschen sind zwei Drittel der Bevölkerung. Mehr als das halbe Land ist praktisch in love mit dem G und seinen Boy J. C. – sechs Millionen Menschen. Das sind Wien, Vorarlberg, Tirol, Steiermark, Salzburg und Kärnten zusammen. Davon sind 4,9 Millionen römisch-katholisch. 1951 waren fast neunzig Prozent der Bevölkerung Mitglied der römisch-katholischen Kirche. Da haben aber einige das Schiff verlassen, würd ich mal sagen. Der Rückgang ist wie die brennende Notre Dame – unaufhaltsam. Jesus will, dass wir sein Fleisch essen und sein Blut trinken. Was glaubt er, wer wir sind? Vampire? Da hat jemand im Himmel wohl ein paar Dracula-Filme zu viel geschaut. Sorry, keine Vampir-Witze mehr. Ich hatte es ja versprochen!

Die Zeit hat sich verändert, Gott aber nicht. Zumindest in Österreich. In Australien ist Gott noch immer ein verdammter Rockstar, der Stadien füllt. Hierzulande weiß man gar nicht mehr, was man mit den ganzen leerstehenden Kirchen anfangen soll. Die Geschichte mit dem G und Österreich ist so tief miteinander verwurzelt, dass nicht mal geleakte Chatnachrichten von Jesus und Maria daran rütteln könnten.

Bereits in den ersten Sekunden meiner Geburt stand fest, dass ich Christ bin. Ich habe es sogar noch bitterer erwischt. Ich heiße Gabriel und bin am 24. Dezember geboren. Das ist quasi wie Black Friday im Media Markt – zu viel des Guten. Jedes Mal, wenn ich sage, wie ich heiße, folgt sofort die Reaktion: »Oh, wie schön, wie der Erzengel Gabriel«. Dann sage ich: »Haha, ja, ich habe auch zu Weihnachten Geburtstag.« Und der zweite Satz wird gleich nachgeschossen: »Jö, ein Christkind« oder »Scheiße, dann bekommst du ja nur einmal Geschenke«. Spoiler Alert: Ja, scheiße, und ja, nur einmal Geschenke.

Gott und seine Gang: Jesus, Maria und Josef sind die christliche Version von G-Unit. Nur statt Hip-Hop und Rap wird Gospel geballert.

Als ich auf die Welt gekommen bin, hat mich niemand gefragt, ob ich getauft werden möchte und mit Gott in einer Beziehung sein will. Man hat das gemacht, weil man es halt so macht in Österreich. Taufe, Erstkommunion und Firmung. Und dann mal schön von Oma und Opa Geld einkassieren. In den Ministranten-Unterricht bin ich auch nur gegangen, um meine Großeltern stolz zu machen. Gut, hauptsächlich wollte ich in der Gruppenstunde Chips essen und mit meinen Freunden spielen. Zum Glück wurde ich auch nie in den Beichtstuhl gelockt. Die dicken und lauten Kinder, wie ich es war, sind keine einfachen Ziele.

Wann spricht man vom österreichischen Exorzismus? Wenn der Dämon den Priester anschreit, er solle aus dem Kind verschwinden.

Die kirchliche Hochzeit stand für mich auch immer im Raum, aber das lag so fern, dass man nicht weiter darüber nachgedacht hat. Meine Eltern waren geschieden, also war der Traum vom ewigen Glück mit einer anderen Person sowieso nicht vielversprechend. Die nächste Begegnung, die ich mit Gott hatte, war, als ich 18 Jahre alt geworden bin und er mir einen schönen, langen Brief geschrieben hat. Im Prinzip, wie ein Brief ans Christkind. Nur statt Wünschen stehen Geldforderungen drinnen. Ich muss jetzt für den Herrgott zahlen? What the fuck! Warum muss ich zahlen, um zu glauben? Das machte keinen Sinn für mich. Meine erste Kirchensteuer war auch meine letzte. Für viele in diesem Land war das ein Grund, aus dem Verein auszusteigen. Oder die sexuellen Übergriffe an Kindern. Da bin ich mir nicht ganz sicher.

Die Bindung zwischen Gott und einem selbst ist in Österreich oft auch eine Zweckbeziehung. Man will in einer schönen prunkvollen Kirche heiraten und nicht im Standesamt von St. Pölten. Man will das machen, was die meisten machen. Es sind auch nicht wirklich sechs Millionen Menschen in love mit dem G., in Österreich läuft die Religion irgendwie so mit. Ähnlich wie bei Bräuchen und Traditionen. Die wenigsten feiern zu Weihnachten die Geburt Christi. Man feiert gutes Essen, gute Gesellschaft und sauft auf dem Nacken der Eltern.

Religion ist wie ein Fitnessstudio-Vertrag, der nicht genützt wird.

Man ist aber zu faul, um ihn zu kündigen. Vielleicht brauchst du ihn ja irgendwann und steigst dann doch noch aufs Laufband oder kommst in den Himmel. Du willst dir die Kündigung nicht eingestehen. Ein bisschen wie mit seinen Eltern. Wenn es dir gut geht, brauchst du sie nicht. Wenn du Hilfe oder ein Wunder benötigst, rufst du sie an. Lieber den Kontakt nicht ganz abbrechen. Atheistisch zu sein ist auch nicht cool.

In unserem Nachbarland Italien ist die religiöse Selbstverständlichkeit sehr ähnlich. Nur dort wird sie auch wirklich mehr gelebt. Vielleicht erklärt es auch, warum die Menschen dort fitter sind. Die nutzen ihren Vertrag aus. Im ländlichen Österreich ist es zumindest so, dass die Kirche wieder eine Eintrittskarte zum Saufen ist. Nicht ohne Grund sind die Wirtshäuser nach der Sonntagsmesse immer gut besucht.

Die Kirche war in diesem Land immer sehr mächtig. Das merkt man heute noch. Völlig egal, ob man noch Mitglied ist oder nicht. Gegrüßt wird immer noch der Gott. Floskeln wie »Grüß Gott« werden selbstverständlich ausgesprochen. Jacob meinte mal zu mir: »Why is everyone greeting god here?« Der Ausruf »Jesus!« oder »Maria!« wird zur Überraschung verwendet. »Gott!« und »O Gott!« als Einleitung oder Wunsch. »Hilf Gott!« wenn jemand niest oder »Kruzifix!« aus Ärger. Das wird sich wohl auch nicht so schnell ändern. Eher an die heutige Sprache angepasst! »Digga J. C., mach mal auf Lock mit deinem Girl Maria. Judas ist schon übelst sus! Dein Bre, der G ist fly wie ein Vogel und supportet dich immer!« Jesus, jetzt mache ich Boomer-Jokes!

Die Berge sind
des Österreichers
Meer

Wieso sind die Berge das Meer Österreichs? In ihrer Imposanz und Unumstößlichkeit geben beide dir das Gefühl, klitzeklein zu sein. Dabei ist es ganz egal, ob du am Fuß eines Berges stehst und nach oben schaust, oder ob du oben angekommen den Blick in die Ferne schweifen lässt. Ein Bergmassiv weist uns in unsere Schranken. (Solltest du in naher Zukunft dein Glück im Wandtattoo-Business versuchen wollen: Den Satz schenk ich dir.)

Als Australier habe ich ein vergleichbares Verhältnis zum Meer. Doch seitdem ich in Österreich lebe, fühle ich ähnlich für die Berge. Es ist ein Mix aus Zuneigung und Ehrfurcht. In etwa das, was man seiner Schwiegermutter entgegenbringen sollte.

Steilwände im Gebirge sind Wellenkämmen in Ufernähe nicht unähnlich. Beide bringen uns an unsere Grenzen. Und die Aussicht aus beiden Perspektiven ist gleichermaßen bewegend und angsteinflößend.

Vor einiger Zeit habe ich meine australische Cousine und deren Partner mit auf eine kleine Bergtour genommen. Mit dabei war außerdem ein weiteres befreundetes Pärchen, das in Berlin lebt.

Also eine hübsch diverse Gruppe von Ausländerinnen und Ausländern, die auf einem Tiroler Berg herumkraxeln. Genauer gesagt auf dem Inntaler Höhenweg, der kurz vor Innsbruck beginnt und einen dann an unglaublich schönen Fleckchen Erde vorbeiführt.

Am zweiten Tag der Wanderung mussten wir uns stellenweise wie übervorsichtige Babykrabben auf allen vieren einen steilen Bergkamm hinaufmühen. Das ständige Auf und Ab ließ unsere Quadrizepse und Knie fluchen wie einen Yeti beim Brazilian Waxing. Und doch waren wir uns alle einig: Wir wollten, dass dieser Weg niemals endet.

Gut, vielleicht hätten wir unseren Knien einen Gefallen tun und nicht allzu viele Dinge einpacken sollen. In unseren Rucksäcken fand sich mehr Essen als Kleidung. Paul, der Partner meiner Cousine, hat neben zehn Tafeln Milka-Schokolade, zwanzig getrockneten Bergsteiger-Würstchen, zwei Netzen Babybel-Käse und vielem mehr sogar eine Flasche Portwein eingepackt. Voll, wohlgemerkt.

Anders gesagt: Wäre unten im Tal ein Atomkrieg ausgebrochen, hätten wir hier oben locker noch einige Wochen ausharren können. Es sei denn, wir hätten zwischenzeitig begonnen, die herzigen Murmeltiere einzufangen, die wir regelmäßig am Wegesrand entdeckten. Obwohl ich bezweifle, dass ich es übers Herz gebracht hätte, einen dieser süßen Alpenteddys zu töten und ihn zu Gulasch zu verarbeiten.

Im Allgemeinen ist das österreichische Wanderoutfit wie ein Batman-Anzug. Die Menschen hier sind auf jede Art von Situation vorbereitet. Einmal traf ich sogar einen Mann, der am Berg einen kleinen tragbaren Feuerlöscher mit sich führte.

»Mit welcher Art von Feuer rechnen Sie hier oben denn?«, fragte ich ihn.

Er antwortete in dieser ruhigen, väterlichen Art, als würde er mir die uralte Geschichte der Bienchen und Blümchen näherbringen wollen: »Schau, wenn was passiert, bin ich lieber vorbereitet.«

Dann fügte er hinzu: »Hast du eigentlich eine Alpenvereinsversicherung?«

Die Frage ist völlig legitim. Schließlich ist das österreichische Volk hochversichert. Dass da auch unerwartete Ereignisse am Berg abgedeckt werden können, ist irgendwie Ehrensache.

Viele Menschen hier bezahlen auch gern Monat für Monat eine Rechtsschutzversicherung – nur für den Fall, dass einmal rechtliche Probleme auf sie zukommen. (Wenn man älter ist und die Rechtsschutzversicherung noch immer nicht benötigt hat, beginnt man wahrscheinlich aus purer Langeweile, irgendwelche Streits vom Zaun zu brechen.

Immer dran denken, wenn du dich in Österreich mit jemandem anlegen willst: Wahrscheinlich ist die Gegenseite besser versichert als du.

Es gibt da noch eine Sache, die Österreicherinnen und Österreicher fast so sehr lieben wie Versicherungen: Vereine.

Deshalb hört man als Fremder am Berg eine Frage ganz besonders häufig: »Sind Sie Mitglied im Alpenverein?« (Der

Mythos besagt, dass man als Mitglied einmal pro Jahr kostenlos aus einer Steilwand gerettet wird. Per Hubschrauber. Da lohnt sich so eine Vereinsmitgliedschaft doch sofort!)

Versicherungen und Vereine haben viel damit zu tun, dass die Menschen hier sehr praktisch veranlagt sind.

Deshalb sind die meisten Wanderinnen und Wanderer auch mit diesen Fiberglas-Stöcken unterwegs, die in Australien maximal Pensionisten über 85 verwenden.

Jedenfalls zeigte ich wie ein unwissender Rüpel auf die Leute mit ihren Wanderstöcken und lachte sie während eines inneren Monologs aus: »Sieht aus, als wäre das mechanische Marschieren noch immer fest im österreichischen Muskelgedächtnis verankert. Man muss schon einen Stock im Arsch haben, um solche Stöcke zu benutzen.«

Nur Stunden später hätte ich mir meinen Mund gern mit Seife ausgewaschen. Ich gebe es hier und heute zu: Ich hatte mich geirrt, gnadenvolles Volk von Österreich. Und ich möchte mich für meine Überheblichkeit entschuldigen. (Auch wenn ich den Wortwitz mit dem Stock ganz gelungen fand.)

Am dritten Tag kämpften wir uns durch ein sehr steiles Geröllfeld hinauf. Und obwohl ich auch meine Cousine ob ihrer Wanderstöcke ausgelacht hatte, bat ich sie jetzt darum, sie ausleihen zu dürfen.

Sie war so freundlich und gab sie mir. Und damit war es so weit. Die Verwandlung war abgeschlossen.

Ich war nun vollends zum österreichischen Wanderer geworden, wie er im Buche steht. In Jack-Wolfskin-Jacke und wasserdichter Cargohose, mit Schweizer Armeemesser in der einen und geräucherter Wurst in der anderen Hosentasche. Und mit Wanderstöcken, die ich klackend links und rechts neben mir in die Felsen schlug. Sie würden mich als »Modell 3.0, australische Outback-Edition« verkaufen.

Die Almhütte am Berg ist wie
der Leuchtturm an der Küste.

Es ist dieser Anblick, der müden Beinen ein zweites Leben schenkt und das Tempo zum Endspurt wieder deutlich erhöht.

Die Hütte ist das, was das Wandern im deutschsprachigen Raum so einzigartig macht. Sie ist die Belohnung nach den Strapazen. Der Höhepunkt nach den masochistischen Qualen, die man sich aus eigenen Stücken auferlegt hat. Wenn man ankommt und sieht, wie sich die Leute mit Schnitzel und Bier die soeben verlorenen Kalorien sofort wieder einverleiben, macht alles Sinn.

Wenn nur das Streben nach Weltfrieden an
einer österreichischen Hütte enden würde,
hätten wir ihn schon längst erreicht.

Wir näherten uns also der Hütte auf dem letzten Stück der Tageswanderung – und wurden dabei aufmerksam von den Kühen beobachtet, die links und rechts am Wegesrand standen. Ich stellte mir vor, wie sie uns still anfeuerten. Und machte mir dann sofort Gedanken um die riesigen Glocken, die sie um ihre Hälse trugen. Entweder musste einen das ständige Gebimmel und die Last wahnsinnig machen. Oder tiefenentspannt stimmen. Vielleicht wären Glocken genau das Richtige für alle, die zu Osterbeginn die A1 verstopfen?

Jedenfalls folgen uns die Kühe treu in Richtung der rettenden Hütteninsel. Dort angekommen, bestellen wir erst ein Bier, bevor wir unsere Stiefel im Schuhraum verstauen. Ein weiteres Bravo an die österreichische Praktikabilität, denn so einen Raum in einer Wanderhütte zu haben, ist genial. Bis auf den unterirdischen Geruch tausender vielgetragener Wanderschuhe, die hier einst ihr schwitziges, stinkiges Dasein fristeten. In diesem Raum zu sein, fühlt sich an wie Waterboarding mit altem Raclettekäse.

Müde und doch voll Vorfreude setzen wir uns in den Gastgarten, schlürfen unser Bier und fühlen, wie es neue Lebensgeister in uns weckt. Nach einem zwölfstündigen Wandertag schmeckt nichts besser als ein kaltes Krügerl.

In der Nähe sitzt ein Mann, der aussieht wie ein Tiroler aus dem Bilderbuch. Er trägt den typischen alpinen Filzhut und Holzpantoffeln. (Schön, dass Tirol das Holzpantoffel-Marketing mit weniger Tamtam betreibt, als Holland es tut.)

Überhaupt lerne ich auf unserem Ausflug viel über das tirolerische Leben. Die Menschen hier scheinen es perfekt zu verstehen, auf großen Bühnen leise aufzutreten. Ich glaube, die wissen ganz genau, wann sie laut und ausgelassen sein können – und wann sie lieber zurückhaltend sind, um nicht allzu viel Aufmerksamkeit auf die Schönheit ihrer Heimat zu lenken. Außerhalb der Skisaison, versteht sich.

Ich kann mich ehrlich gesagt nicht entscheiden, ob ich das schneebedeckte Winter-Tirol oder das blumenwiesige Sommer-Tirol schöner finde. Jedenfalls hätte mein Grinsen in diesem Augenblick nicht breiter werden können. Denn ich wusste: Ich bin ein Insider und gehöre zu einer kleinen Gruppe von Menschen, die um diesen wunderschönen Platz auf Erden wissen.

Der Gastgarten lag direkt an der Kuhweide und wurde von dieser nur durch einen Zaun abgegrenzt. Die Kühe waren uns bis hierhin gefolgt. Zehn von ihnen standen nun wenige Meter von den müden Wandersleuten entfernt und starrten uns aus großen Augen an.

»Wie die Kühe es wohl finden, eine tote Kuh um den Hals zu haben?«, warf meine Cousine ein. Im kollektiven Bierhoch dauerte es eine Weile, bis wir verstanden, dass sie damit die Lederriemen meinte, an denen die Glocke hing.

Wahrscheinlich hatte diese Bemerkung den Kühen den Rest gegeben. Ein Ruck ging durch die Rindermenge und sie schienen sich erst nur am Zaun zu scheuern.

Doch dann warf eine der Kühe die Tafel um, die direkt vor dem Zaun stand.

Mit Kreide geschrieben stand auf der Tafel das Gericht des Tages: Rindsgulasch.

Eine der Kühe streckte ihren enormen Kopf durch den Zaun und begann, über das Wort zu lecken. Immer mehr Kühe schlossen sich der Gruppe an und drängten an den Zaun. Es wurde deutlich, dass die Meute nicht nur hier war, um sich zu kratzen. Vielmehr hatten wir es offenbar mit einem regelrechten Rinderprotest zu tun.

Hätten sie sprechen können, hätten die Kühe zweifellos geschrien: »Rinder Lives Matter!«

Die Situation kippte ins Dramatische, als die Kühe plötzlich unisono bedrohliche Muuh-Laute ausstießen und sich ihre Augen nach oben in die Höhlen drehten, sodass nur noch das diabolische Weiße zwischen den langen Wimpern hervorblitzte. (Okay, vielleicht übertreibe ich an dieser Stelle ein wenig. Schieb's bitte auf das fünfte Krügerl.)

Dann aber sprang der Tiroler mit Filzhut und Holzschuhen in die Bresche. Er kletterte hinter dem Stammtisch hervor und brüllte den Kühen etwas in dickem Tirolerisch zu, das mit vielen feuchten »chs« gespickt war. Der Kuhprotest löste sich schlagartig auf und endete damit, dass sich eine der Kühe demonstrativ am Zaun kratzte, bevor sie wegtrottete.

Ich bin mir nicht sicher, ob die Kühe von der Lautstärke des alten Mannes verscheucht worden waren – oder doch eher von den Speichelspuren, die seine »chs« in die Luft zeichneten. Aber es hatte funktioniert.

Kurz darauf kam der Hüttenwirt heraus und teilte uns mit, dass das Abendessen bald serviert werden würde.

Der Speisesaal einer solchen Hütte ist vergleichbar mit dem Esszimmer deiner Großmutter. Solange deine Großmutter es gern gemütlich und ein bisschen altbacken mag. Man fühlt sich dort zu Hause, warm und mit der Welt im Reinen. (Wahrscheinlich auch, weil der Internetempfang dort oben meistens nicht existent ist und man deshalb kein Social Media durchscrollen kann.)

Vielleicht geht's dir ja gleich. Die Gemütlichkeit, die man in einer Berghütte findet, geht mir direkt ins Herz. Es geht nicht nur um den Komfort, sondern um dieses undefinierbare Gefühl, das alles durchdringt.

Hüttengemütlichkeit ist ein Vibe.

Im Hintergrund läuft das Lokalradio und verstärkt das Lo-Fi-Gefühl der Umgebung noch zusätzlich. Hier geben sich alter amerikanischer Pop und österreichische Blasmusik abwechselnd die Hand. Ein Gasthaus am Berg ist deshalb auch der einzige Ort, an dem man Blasmusik am liebsten mit dem Löffel essen möchte. Sie ist Synonym mit der heilen Welt, die es auch damals schon nicht gab. Aber alles scheint berechenbar und sicher.

Mittlerweile war es dunkel geworden. Noch immer standen ein paar Kühe vor dem Gasthaus und lugten durch die Fenster in den Gastraum. Ich versuchte, mein Gesicht hinter einer Serviette zu verbergen, während ich das hervorragende Rindsgulasch in mich hineinschaufelte.

Mit vollen Bäuchen (und etwas Angst vor rachsüchtigen Kuh-Hinterbliebenen) machten wir uns dann auf den Weg ins Bett. Auch hier zeigte sich die österreichische Praktikabilität, denn wir nächtigten im Matratzenlager. Das ist sowas wie ein Lagerraum für Menschen mit niedrigen Erwartungen. In der Regel ist es riesig – mit mindestens zwanzig Betten in einem Raum.

Stell dir eine Pyjamaparty für Erwachsene vor. Nur dass sich auf der Alm Fremde zusammenfinden und statt Flaschendrehen nur »Oida, schnarch leiser!« gespielt wird.

Im Matratzenlager schlafen Fremde direkt neben Fremden. Für mich, der im prüden angelsächsischen Raum aufgewachsen ist, könnte die Komfortzone nicht weiter weg sein. Trotzdem bin ich jeden Morgen versucht, mein fremdes Gegenüber mit einem verträumten »Schatz? Guten Morgen, wie hast du geschlafen?« aufzuwecken. Nur um dessen Reaktion zu sehen.

Mittlerweile weiß ich aber, dass es die Menschen in diesem Land nicht erschrecken würde, wenn ich so etwas versuchte. Ich habe erst nach meinem Umzug nach Österreich gemerkt, wie verstockt ich bin, wenn es um Intimität vor Fremden geht.

Österreicherinnen und Österreicher haben nämlich eine sehr hohe Toleranz und sind offen dafür, auch intime Momente mit völlig Fremden zu teilen. (Abgesehen von den konservativen Gegenden auf dem Land. Und Salzburg.) Hier werden Körper ganz selbstverständlich entblößt, gemeinschaftlich nackt sauniert oder mit Fremden in einem Matratzenlager geschlafen. Und das fühlt sich enorm befreiend an.

Skination
Österreich

Am Freitog auf'd Nocht montier i die Schi
Auf mei' Auto und dann begib i mi
Ned in's Stubaital und ned noch Zell am See
weil die aktuellen Preise, sand afoch ned schee!

Glaubt ihr, hätte Wolfgang Ambros seinen legendären Hit »Schifoan« auch geschrieben, wenn ein Tagesskipass um die 75 Euro gekostet hätte? Es klingt gleich noch dramatischer, wenn ich es typisch österreichisch in Schilling umrechne. Tausend Schilling für einen Tag Skifahren! Reise einmal dreißig Jahre in die Vergangenheit zurück und erzähl das einem Österreicher. Der legt dir so fest eine auf, dass es dich sofort wieder in die Gegenwart schleudert!

Aber zurück zum Titel. Die Skination Österreich ist nicht nur für Christoph Waltz und Arnold Schwarzenegger weltbekannt, sondern auch dafür, dass wir mit einer Geschwindigkeit von 130 Stundenkilometern auf gewachsten Brettern den Berg hinuntersausen. 130 Stundenkilometer ist übrigens auch die Geschwindigkeitsgrenze auf österreichischen Autobahnen. So schnell fahren Menschen wirklich einen Steilhang hinunter. Unglaublich.

Österreich identifiziert sich irgendwie immer mit Schnee, Bergen und dem Wintersport. In Wien fährt man auch gern Ski. Nur halt mit anderem Schnee. Oder wie Falco einst sagte: »Es schneit anders.« Skifahren gilt als Volkssport. Jacob meint immer, Skifahren ist das österreichische Surfen. In

Australien reitet man Wellen und hier Schnee. Aber können wirklich alle aus der Bundesrepublik Skifahren? Jein. Ich habe es so wie ganz viele andere von klein auf gelernt. »Da hast du gerade schön gehen können, ohne immer auf die Gosch'n zu fallen«, sagt meine Mutter immer. Ich hatte nämlich das große Glück, Verwandte am Land zu haben, die mir einen deutlich leichteren Zugang zum Equipment und zu den Bergen ermöglichten. Das ist nicht selbstverständlich in Österreich.

Als ich noch ein Kind war, war eines der ersten Lieder, die wir in der Schule gelernt und gesungen haben, »Schifoan« von Wolfgang Ambros. Stellt euch einmal ein Klassenzimmer voller Sechsjähriger vor. Alle singen laut im Dialekt »Ob'm auf der Hütt'n kauf i ma an Jagertee«. Entzückend, oder?

Bei dem Bild muss ich immer Schmunzeln. Heute wird das Lied wahrscheinlich noch immer den Zwutschkerln[26] in der Schule beigebracht, nur danach knallt die Lehrerin laut das Liederbuch zu und sagt: »Liebe Kinder, leider fahren wir dieses Jahr wieder nicht auf Schulschiwoche. Die Karten sind zu teuer und es liegt zu wenig Schnee.« Heute steht in vielen Zeitungen, dass sich immer mehr Familien diesen Luxus gar nicht mehr leisten können oder wollen. Das ist aber nicht erst seit heute so. Schon immer waren das Schifahren und die Einteilung in die Skigruppen ein Sinnbild für unsere Klassengesellschaft. Die, die mehr Geld hatten oder die Möglichkeit, durch Verwandte am Land den Sport billiger auszuüben,

---

[26] Zwutschkerl: kleine Kinder

hatten mehr Erfahrung und waren in einer besseren Gruppe. Die, die weniger Geld oder keinen Bezug zu den Bergen hatten, konnten sich den Skikurs nicht leisten oder wurden in die Anfängergruppe eingeteilt. Da bekommt das Wort **»Klassenfahrt«** gleich eine ganz andere Bedeutung. Oder anders gesagt: »Ob ihr es gerade auch so schön habt, wie ich? I doubt it!« Wenn du diese Referenz nicht verstehst, macht das gar nichts! Du bist schlichtweg zu alt. Wahrscheinlich weißt du aber einfach bessere Dinge mit deiner Zeit anzufangen, als dumme Internetvideos zu schauen.

Der Spruch **»Der Berg ruft«** bedeutet übrigens, dass ein innerer Drang in dir laut wird und dich ins Gebirge zieht. Ähnlich wie ein starker Harndrang dich nach zwei großen Bier auf's Klo zieht. Ob Sommer oder Winter, wir in Österreich sind gern in den Bergen. Die Outdoorjacken sind stets bereit, angezogen zu werden.

Die, die eher in urbanen Regionen aufgewachsen sind oder keinen Bezug zum Land haben, gehen lieber einen Wiener Stadtwanderweg oder auf den Grazer Uhrturm rauf. Eine Woche Skifahren, mit allem drum und dran, kostet dich mittlerweile 700 Euro aufwärts. Für das Geld fliege ich lieber nach Thailand und lasse mir den Rücken massieren. Währenddessen kitzelt mir die Sonne meine Hornhaut von den Füßen. So ehrlich muss man sein.

Natürlich gibt es auch billigere Skigebiete und kostengünstigere Mittel, den Sport auszuüben. Darum geht es aber nicht. Fakt ist, könnte ich nicht bereits Schifahren, würde ich es heute nicht mehr lernen.

Ich will hier jetzt auch gar nicht mit abschmelzenden Gletschern oder dem Klimawandel anfangen, aber ein nachhaltiger Sport ist etwas anderes. Vielleicht gehen deshalb auch immer mehr Menschen den Berg hinauf, um dann einmal völlig verschwitzt und kraftlos wieder hinunterzufahren. Tourengehen spart Geld, ist aber oag! Was auch oag wäre, wär eine Art Klimaticket-Deluxe, wo Skitickets inkludiert sind. Na ja, träumen darf man ja.

*Skifahren ist der Kaviar am Frühstückstisch.
Nicht jeder kann oder will es sich leisten,
aber wenn du es tust, genießt du es in
vollsten Zügen!*

Für mich war die Welt da oben in den Bergen immer wie ein Wolkenschloss. Es wirkte für mich so, als hätten sich die Menschen über 1.500 Meter eine eigene autarke Zivilisation aufgebaut. Sogar eine Zombieapokalypse oder weltweite Pandemien würde man überstehen. Spoiler Alert – können sie nicht. Dafür ist Österreich nämlich nochmals weltbekannt geworden.

The one and only **Ischgl**. Superspreader Numero uno. In einer Après-Ski-Hütte in den Tiroler Bergen wurde in der Corona-Zeit aber mal sowas von ordentlich Party gemacht und mit den Coronaviren Pingpong gespielt. Ein etwas anderes österreichisches Souvenir, das die Touris mit nach Hause genommen haben. In diesen Skihütten wird auch einer anderen Leidenschaft von Österreich in vollsten Zügen gehuldigt. Und damit wären wir wieder beim Thema Alkohol. Natürlich, wo denn sonst, immerhin sind wir in Österreich.

Wir lieben Saufen. Völlig egal, ob in Lignano am Meeresspiegel oder in Tirol über dem Meeresspiegel. Hauptsache Alkoholspiegel!

Wie schon in vorangegangenen Kapiteln ausgeführt, lieben die Menschen in der Bundesrepublik das Saufen. Es ist Teil unserer Kultur. Laut dem aktuellen »Health at a Glance 2023 Report« liegt Österreich mit einem Pro-Kopf-Verbrauch von 11,1 Liter reinem Alkoholkonsum auf Rang fünf aller teilnehmenden Länder. Das sind pro Jahr und pro Mund 450 Flaschen Bier oder 110 Flaschen Wein. Das muss man sich mal die Kehle hinunterlaufen lassen.

Viele Menschen haben schon ein Problem damit, zwei Liter Wasser am Tag zu trinken. Vermischt man es aber mit Hopfen, Malz und Gerste – kein Problem. Wir liegen übrigens vor Deutschland mit 10,6 Liter pro Kopf. Oder wie ein User unter dem diesbezüglichen »Zeit im Bild«-Beitrag kommentierte: »Zumindest besser als die Deutschen«. Apropos »besser als die Deutschen«. Im Skifahren sind wir auch erfolgreicher. Warum also nicht gleich beides kombinieren?

Après-Ski ist der Ballermann von Österreich.

Wortwörtlich übersetzt bedeutet es »nach dem Skifahren«. Nach dem Skifahren ist hier aber wirklich nur wortwörtlich gemeint, denn die praktische Übersetzung fängt mit einem Jagertee oder Pausenbier bei der ersten Hütteneinkehr mittags an und endet mit einer guten Einspritzung bei der nächtlichen Abfahrt. In diesen Hütten wird genagelt, gebechert und getanzt. Laute Schlagermusik hallt durch die Gipfel. Schnitzel, Kaiserschmarren oder Germknödel werden zur Verstärkung verspeist. Vielen reicht aber auch Flüssigbrot.

Wenn die Lifte sperren, geht es erst richtig los. Die idyllische Berglandschaft verwandelt sich zum winterlichen Open-Air-Festival. Verwackelte Schneeengel werden gemacht und mit einer bunt glänzenden Krone aus Kotze verziert. Halb fertig geschriebene Namen leuchten gelb aus dem Schnee. Völlig besoffene Menschen fahren in der tiefschwarzen Nacht schwankend die Piste hinunter und singen »I am from Austria«. Es gibt wenige Wege, seine Knochen schneller und besser zu brechen, als mit dreißig Stundenkilometern in einen Baum zu fahren. Glaubt mir, ich spreche aus Erfahrung.

Sprichwörter
für alles

In Österreich gibt es für jede Lebenssituation eine Redewendung, Floskel oder ein Sprichwort. Manchmal wirkt es so, als würde das allen Menschen, wie bei Robotern, bei der Geburt einprogrammiert werden. Es sind Floskeln, die wiederholt und wiederholt werden. Viel sagen, wenig meinen. Sehr österreichisch eben. Ich würde sogar meinen, dass es möglich ist, nur noch in Sprichwörtern zu kommunizieren. Vielleicht gibt es diese Menschen sogar schon.

Es folgt eine kleine Auflistung unserer liebsten Redewendungen, Floskeln und Sprichwörter aus Österreich.

I bin ned auf da Nudlsuppn daherg'schwommen!

Du bist ned deppert! Du lässt dich nicht für dumm verkaufen. Du verwendest diese Redensart, wenn du das Gefühl hast, jemand hält dich für naiv und will dir einen Schas andrehen. Also entweder eine Lüge erzählen oder dich täuschen. Genauso, wenn jemand Allgemeinwissen als super gescheite Weisheit erzählt. Wie etwa: »Österreich hat kein Meer.« Dann sagst du: **»Jo eh, I bin ned auf da Nudlsuppn daher g'schwommen!«**

Red ma's in a Sackerl, i hör's ma später an!

Achtung: Nicht wortwörtlich zu verstehen! Hier wurde man sehr kreativ! Wenn dich jemand ohne Punkt und Komma zuquatscht und niederredet. Dich mit dem Gespräch langweilt und du nur noch weg möchtest. Dann verwendest du: **»Red ma's in a Sackerl, i hör's ma später an!«** Es bedeutet schlichtweg, du möchtest in Ruhe gelassen werden. Dich interessiert das Gespräch nicht. Die Person soll das, was sie dir sagen möchte, in ein Sackerl, eine Tüte oder einen Beutel sprechen – völlig egal, ob Papier oder Plastik – und dir dann wieder geben. Somit entscheidest du, wann du es dir anhören möchtest. Eine Art österreichischer Anrufbeantworter oder Sprachbox. Leider werden diese Nachrichten aber immer aus irgendeinem Grund gelöscht oder gehen im Speicherungsprozess verloren. Schade. Wirklich sehr schade.

Wos liegt, des pickt!

Gott, diese Floskel hat schon Freundschaften zerstört und Familien in eine ewige Sinnkrise gestürzt. Bei dieser Redewendung habe ich geweint, gelacht, gewonnen und verloren. Es heißt eigentlich nur das, was du hingelegt hast, bleibt da auch liegen und klebt fest. Es gibt keinen Umtausch mehr, kein Zurückziehen, kein »Ich überlege mir einen neuen Spielzug«. **»Wos liegt, des pickt!«** wird sicher bei 95 Prozent aller Spiele, die mit Österreicherinnen und Österreichern gespielt werden, laut herausgeschrien. Nicht nur einmal habe ich nach einer gespielten +4 beim Uno mit meinem Bruder auf Leben und Tod gekämpft. Wenn du diese Floskel verwendest, wird es ernst. Dann geht das Spiel nicht mehr um Spaß, sondern nur noch um den puren Sieg und die Vernichtung aller Feinde. Wenn ich beim Uno eine +4 spiele, und sie im nächsten Moment doch wieder in die Hand stecken will, um eine andere Karte zu spielen, geht es los. Mein Bruder brüllt: »Wos liegt, des pickt!« Und ich darf nicht mehr zurückziehen. Lustigerweise hat sich diese Redewendung auch ins »real life« fernab von Spielbrettern, Würfeln und Karten geschmuggelt. Oft wird es auch verwendet, um jegliche Art von Rückzieher oder spontanes Umdisponieren zu bekämpfen und abzuwehren.

Des is si ums Oaschleckn (net) ausgangen.

Wenn sich etwas ganz knapp nicht ausgeht, oder ganz knapp doch ausgeht, dann immer ums Arschlecken. Wenn du »Mensch ärgere dich nicht« spielst und deine letzte Figur nur mit einem Sechser-Wurf nach Hause bringen kannst, aber nur einen Fünfer würfelst, dann geht es sich ums Oaschleckn nicht aus. Wenn du aber durch die gerade schließende U-Bahn-Tür noch reinhüpfen kannst, dann ist es sich ums Oaschleckn ausgegangen. Fäkalhumor in der Sprache mag man in Österreich. Daher ist die Frage nach dem Ursprung vielleicht schon selbsterklärend.

Oida.
Egal welche Frage, die Antwort
lautet immer Oida!

Das Wort »Oida« ist eine österreichische Philosophie. Gut, wohl eher in Wien, aber auch in anderen Bundesländern lebt sie. Vielleicht mit einer etwas anderen Aussprache, aber wurscht! In Wien jedenfalls ist es ein Heiligtum, das seinesgleichen sucht. Füllwort und Universal-Ausdruck zugleich.

Du kannst mit »Oida« praktisch jeden Gefühlszustand ausdrücken und Situationen penibelst genau beschreiben. Wie, fragst du dich? Das Geheimnis lautet: ziehen und raffen. Schaut man sich das Wort »Oida« genau an, fällt einem vielleicht auf, dass es großteils aus Vokalen besteht. Es ist perfekt dafür gemacht, es übertrieben laaaaaaaang in die Lääängeee zu ziiiiieeeehen. Oder richtig prägnant und kurz im Raum stehenzulassen. Dadurch wird es möglich, absolut alles zu sagen und zu beschreiben. Du hast gerade eine Wette verloren? Oooiiidaaaa! Du bist sauer auf deinen Freund, weil er immer zu spät kommt? Oidaaaaa! Du hast keinen Bock mehr auf das Buch und willst dein Geld zurück? Oiiidaaa! Oida heißt eigentlich nur »Alter« und wird auch als anderer Ausdruck für Freunde und Freundinnen verwendet. Die Allround-Ausdrucksfloskel wurde 2018 zum österreichischen Jugendwort des Jahres gewählt und in der Covid-19-Pandemie zum Wiener Überlebensguide umfunktioniert.

O   *– Obstond hoitn*
I   *– Immer d'Händ' woschn*
D   *– Daham bleiben und*
A   *– A Masken aufsetzn*

Das muss man sich mal vorstellen. Dieses Füllwort wurde in einer der schlimmsten Krisen der Zweiten Republik als Symbol und Akronym der Hauptstadt verwendet. Irgendein schlauer Marketing-Fuchs von der Stadtregierung hat sich gedacht: »Komm, mit Oida krieg ich alle dazu, sich d'Händ' z'woschn.«

Passt scho! Eh ok, schau ma mal,
dann seh ma's eh!

Diese Floskeln, getrennt oder allein verwendet, sind, wie im Kapitel »Die sieben Todsünden von Österreich« unter Faulheit/Trägheit schon angeschnitten, eine österreichische Universalantwort auf einfach alles. Jede Situation, jedes Gespräch, ob Diskussion, Philosophie oder Debatte, kann damit einfach beendet oder angetrieben werden. Du musst nichts Weiteres hinzufügen. Es ist alles gesagt. Passt scho! Eh ok, schau ma mal, dann seh ma's eh! Diese Floskeln gehen Hand in Hand mit der österreichischen Gemütlichkeit und suggerieren meist eine nicht ernstzunehmende Auseinandersetzung mit der aktuellen Thematik. Natürlich nicht immer, eh klar, aber ich persönlich verwende alle diese Floskeln tagtäglich, zusammen, allein, mit Butter und Nutella! Diese Redewendungen haben mich schon oft aus desperaten Gesprächen gerettet, mit denen ich mich nicht mehr auseinandersetzen wollte. Universell einsetzbar, omnipräsent in der österreichischen Sprache und linguistischer Kulturschatz der Alpenregion.

Das Allerbeste dabei ist, dass man alle diese Floskeln, Redewendungen und Sprichwörter auch beliebig miteinander mischen kann. Dadurch entstehen ewiglange Sätze, die alles und nichts sagen. »Es passt scho, oida! Schau ma mal, dann seh ma's eh! Red ma's in a Sackerl, i hör's ma später an! Is si ums Oaschleckn ned ausgangen! Wos liegt, des pickt! I bin ja ned auf da Nudlsuppn daherg'schwommen, oida!«

Bist du ein Mann oder ein Lulu?

Diese Frage habe ich als Kind oft gehört. Ich habe dann immer geantwortet: »Ich habe Lulu in der Hose.« Spaß. Natürlich habe ich geantwortet: »Ein Mann.« Alles andere war unvorstellbar. Der Satz bedeutet so viel wie, dass ein Mann kein Schwächling ist. Als Mann hast du gefälligst »stark« zu sein. Auch in Österreich. Eigentlich ist es ja fast lustig und kurios zugleich, dass selbst im Land der lässigen Gemütlichkeit so stur und hartnäckig an diesen patriarchalen Strukturen festgehalten wird. Was soll »stark« überhaupt bedeuten?

Dir wird diese »Männlichkeit« schon von klein auf beigebracht. Spätestens in der Schule sind Buben, die Angst haben und weinen, Schwächlinge und keine echten Männer. So war es zumindest bei mir. Vielleicht ist es heute anders. Ich denke aber nicht. Das Bild des starken Mannes wird wie eh und je gelehrt und gelebt. Wenn solche »Männer« dann immer von Männlichkeit und Härte sprechen, stelle ich mir vor, sie seien Neandertaler, die vor lauter Freude über das gerade gelegte Feuer auf ihre behaarte Brust trommeln und in die Nacht brüllen.

Die Erwartungen an Männer in diesem Land sind meistens die, die ich nicht erfüllen kann.

Zumindest einige. Über Gefühle wurde in meiner Familie und in meinem Freundeskreis schon immer gesprochen. Genauso war es absolut in Ordnung, Fehler zu machen oder zu sagen, wenn es dir nicht gut geht. Wenn du etwas nicht schaffst oder dir der Druck zu viel wird, war es auch kein Problem. So ist es aber bestimmt nicht in jeder Familie. Als ich noch zur Schule gegangen bin, war auch das Wort »schwul« ein Schimpfwort. Leider höre ich es immer noch viel zu oft. Es stand damals aber nicht nur für homosexuell, sondern auch für »schwach« oder »weich«. Ich habe es immer gehasst, wenn andere Burschen das gesagt haben, weil mein Vater selbst homosexuell ist. Manchmal wurde ich deswegen auch gehänselt. Es war mir aber immer egal, dass mein Vater herausgestochen ist. Im Gegenteil! Ich fand es cool!

Die witzigste Situation war immer die, wenn wir Kinder von der Schule abgeholt wurden. Andere Väter sind im Blaumann mit dreckigen Arbeitsschuhen und Rucksack gekommen. Mein Vater hingegen im durchgestylten Prada-Outfit, mit polierten Stiefeletten und Designertasche. Andere Väter hatten eine Kette mit einem Kreuz um den Hals hängen und waren in eine Wolke voller Moschusduft gehüllt. Mein Vater hat 15 silberne Ringe auf den Händen getragen und nach Rosen geduftet. Die Kinder haben dann immer »Prada Papa« geschrien. I wish. Haben sie natürlich nicht. Sie haben mich am nächsten Tag immer gefragt, ob er schwul sei. Dass Männer auch Männer lieben können und Frauen auch Frauen, war für mich immer selbstverständlich. Damit bin ich aufgewachsen. Vielleicht habe ich auch deswegen diese »harten« Männer nie verstanden. Was ich gleich einmal verstanden habe, war, dass das Männlichkeitsbild am Land noch viel härter ist, als alles, was ich in der Stadt bis jetzt gesehen habe. Mein Vater ist auch vom Land. Natürlich ist er damals in den 1980er-Jahren gleich in die Stadt geflüchtet, da sein Lebensentwurf am Land keinesfalls realisierbar war.

Wenn du am Land weder auf Frauen noch auf Gott, Fußball oder Autos stehst, ist es einfach schwierig.

Er hat mir immer Geschichten davon erzählt. Diese Geschichten sind leider noch immer wahr. **ACHTUNG**: Natürlich gibt es nicht den einen Mann vom Land oder den einen Mann aus der Stadt. **ABER**: In der Stadt kommen mir persönlich Männer deutlich sensibler und offener vor. Man spricht mehr über Gefühle und Probleme, die einen bedrücken. Am Land wird weniger über Gefühle gesprochen. Dafür mehr über Autos und Alkohol. Gesprächsthemen sind oberflächlicher und gehen weniger in die Tiefe. Wenn man am Land Probleme hat, spricht man die auch weniger an. Man schluckt sie runter und arbeitet weiter. Es wird schon alles wieder vergehen.

Sag mal einem Landwirt aus Oberösterreich, er soll in die Psychotherapie gehen, um sich, seine Gefühle und Emotionen besser kennenzulernen. So schnell kannst du gar nicht schauen, und er sitzt wieder am Traktor und fährt mit 15 km/h davon. Und zwar nicht zur Therapeutin, sondern zum Medizinmann ins nächste Wirtshaus. Das alles soll jetzt nicht zu pauschalisierend klingen, aber ich glaube, wir können uns darauf einigen, dass du als veganer, homosexueller Modedesigner im Mühlviertel nicht die besten Startkarten hast.

Psychotherapie ist für viele ein Schimpfwort oder eine Beleidigung.

Völlig egal, ob am Land oder in der Stadt. Aber warum? Wenn ich Schmerzen am Knie habe, gehe ich zu meiner Hausärztin, die sich das anschaut. Wenn ich psychische Schmerzen, wie etwa schiache Gedanken oder tiefen Kummer habe, gehe ich zu meinem Therapeuten. Wo soll der Unterschied sein? Mein Kopf und meine Gedanken sind die fucking Zentrale in meinem Körper! Warum sollte es bitte schlimm oder schwach sein, sich diese professionell anschauen zu lassen?

Die Leute rennen wegen jedem Scheiß zum Arzt, begibt man sich aber in Therapie, ist man plötzlich ein Wahnsinniger. Es ist doch total schön, dass man diese Möglichkeit hat. Psychische Therapie wird vor allem bei Männern tabuisiert. Man spricht nicht darüber. Und wenn, bist du ein Schwächling! Echte Männer gehen nicht zum Arzt, sondern machen alles mit sich selbst aus. Bla ... bla ... Bullshit! Zum Glück ändert sich das langsam bei jüngeren Generationen.

Dieses Männlichkeitsbild, von dem immer alle sprechen, kenne ich von mir selbst weniger. Ich interessiere mich auch nicht für Fußball, Autos, Beton oder Bohrmaschinen. Natürlich trage ich aber auch diese Art von Mann in mir. Bis heute fällt es mir wahnsinnig schwer, zu weinen. Vor anderen Menschen zu weinen ist sowieso undenkbar. Ich habe das Gefühl, ich würde mein Gesicht verlieren, wenn mich jemand anderes weinen sieht. Dieser Satz »Männer weinen nicht« hat sich ganz, ganz tief in mich hineingebohrt und mit grässlichen Widerhaken an meiner Seele festgekrallt.

Manchmal sage ich scherzeshalber: **»Ich liebe den Regen, da sieht man nicht, wenn ich weine.«** Da steckt viel Wahrheit dahinter. Sobald diese Emotion nur langsam anfängt, sich in mir zu entflammen, schmeiße ich sofort eine Brandschutzdecke darüber. Ich habe auch nicht wirklich das Gefühl, dass meine männlichen Freunde vor mir weinen können. Wenn jemand weinen muss, macht er das allein zu Hause unter der Dusche, wo es ja niemand mitbekommen kann. Erst jetzt, mit 28 Jahren, lerne ich langsam, dieser Emotion freien Lauf zu lassen. Sie nicht zu unterdrücken und mich auch nicht dafür zu schämen. Ich werde nicht schwächer, wenn ich weine, sondern stärker. Starke Männer sind in meinen Augen Männer, die Schwächen zeigen können, Fehler eingestehen und ihre Gefühle kommunizieren. So, das wird mir hier jetzt aber auch alles langsam zu schwul! Machen wir einen Themenwechsel!

Wär' ich eine Frau in Österreich ...

Wär' ich eine Frau in Österreich, würde ich dieses Kapitel nicht lesen. Es wurde ja nur wieder von irgend so einem Kerl geschrieben, der mir sagt, was ich tun soll.

Ich würde die nachfolgenden Seiten herausreißen. Und dann extra Origami lernen, nur damit ich aus den Seiten einen Penis falten kann. Diesen Papierpenis würde ich dann zu Konfetti zerschneiden.

Wär' ich eine Frau in Österreich, würde ich weniger Lohn erhalten. Und ein Manager mittleren Alters namens Herbert würde mich, eine erwachsene Frau, in Meetings als Mädel bezeichnen, nur um mich daran zu erinnern.

Wär' ich eine Frau in Österreich, würde ich höchstwahrscheinlich von meinem Partner sexuell oder anderweitig missbraucht oder sogar getötet werden. Denn das passiert hier jeder dritten Frau.

Wär' ich eine Frau in Österreich, würde ich auf die andere Straßenseite gehen, wenn ich einen Mann auf mich zukommen sehe. Denn das eine Mal, als mir ein Kerl ungefragt zwischen die Beine gefasst hat, war ein Mal zu viel.

Moment mal. Was? Wer zum Teufel läuft durch Wien und greift Frauen zwischen die Beine?

Viele Freundinnen haben mir erzählt, dass ihnen das passiert ist. Wieso wird dieses Thema nicht viel lauter diskutiert? Es gibt Seriengrabscher, die auf den Straßen Wiens lauern, Leute! Und da fällt einem wieder ein, dass Männer die Welt regieren.

Wie der ehemalige Präsident der Vereinigten Staaten einmal sagte: »Grab 'em by the pussy«. Nun Trump, irgendein kranker Wichser hat deine kranken Wichs-Fantasien hier in Österreich ernstgenommen.

Wär' ich eine Frau in Österreich, I would grab 'em by the dick. Das hat mir eine österreichische Freundin erzählt, die das in ihrem Krav-Maga-Kampfsportkurs gelernt hat. »Konzentrier dich auf die Augen, den Schwanz und die Ohren«, sagte sie mir.

Meine beiden Kinder werden zu Frauen in Österreich.

Und das macht mir Angst.

Alle Eltern fühlen sich verletzlich, wenn ihre unschuldigen kleinen Kinder draußen in der Welt herumlaufen. Aber ich nehme an, dass Väter von Mädchen noch mehr Angst empfinden.

Vielleicht, weil Väter wissen, wie Männer sein können und wie schwer sie es den Frauen ab und zu machen. Männer wissen, wie Männer sind.

Selbst die entspannteste und gelassenste Person wird zu einem Kontrollfreak, wenn sie Mama oder Papa wird. Man versucht mit allen Mitteln, die Welt, in der die kleinen Sprösslinge leben, zu polstern.

Natürlich scheitern wir dabei unweigerlich.

Das gilt insbesondere, wenn man das Abenteuer Elternschaft auch noch in einem fremden Land beginnt. Ich scheiterte deshalb schon vor der eigentlichen Geburt.

Etwa beim Versuch, mit einer Hebamme darüber zu lachen, dass das Wort »Fruchtblase« auf Englisch direkt mit »Fruit Blister« übersetzt werden kann.

Sie sah mich an, als hätte ich gerade Mandarin mit ihr gesprochen, während meine Partnerin mittendrin war, ein Baby aus sich herauszupressen.

Kennst du die Versagensangst, wenn du durch Instagram scrollst? Wo alle viel schöner wohnen, viel weiter wegreisen, viel besser essen als du?

So geht es mir, wenn ich österreichische Eltern im Umgang mit ihren Kindern beobachte. Versteh mich richtig, ich schaue ihnen einfach zu, wie sie mit ihren Kindern zusammen sind, sie füttern und mit ihnen spielen.

Okay, in meinem Kopf klang dieser Satz weniger problematisch.

Vieles von dem, was wir in diesem Buch über Österreicherinnen und Österreicher beschrieben haben, spiegelt sich auch in der Art und Weise wider, wie sie ihren Nachwuchs erziehen.

Zum Beispiel scheinen österreichische Eltern immer super vorbereitet zu sein. Mit einem Buffet von Snacks für ihre Kinder nach dem Kindergarten. Meine Kinder kriegen die Reste meines Döner Kebaps vom Mittagessen. Wenn sie Glück haben.

Gut, meistens kaufe ich ihnen etwas in der Bäckerei, die auf dem Weg zwischen unserer Wohnung und ihrem Kindergarten liegt.

Wo wir gerade bei Bäckereien sind: Ich bin damit aufgewachsen, Schnittkäse zwischen zwei Scheiben Toastbrot zu essen. Währenddessen wachsen österreichische Kinder mit kulinarischen mehlbasierten Highlights auf: Bio-Handsemmeln, Olivenstangerl, Laugenstangerl, Butterkipferl!

*In Österreich ist man schon mit
fünf Jahren Backwaren-Aficionado.*

Die österreichischen Kinderzimmer sind jedenfalls besser eingerichtet als alle Weltuntergangsbunker, die ich je gesehen habe (und ich habe erstaunlich viele gesehen). Das Montessori-Bodenbett aus Kiefernholz, die Fahnengirlande aus Baumwolle über dem Kopfende drapiert. Dann das Montessori-Spielzeug, zum Beispiel die bunt bemalten Holzkugeln (die ähnlich wie die Mozartkugeln einfach komplett überteuert sind). Oh, und nicht zu vergessen das Pikler Kletterdreieck, ein Pseudo-Armee-Hindernisparcours. Auf was bereitet ihr eure Kinder in Österreich vor? Ihr seid ein neutrales Land, umgeben von NATO-Ländern! Der schlimmste Krieg, den eure Kinder je erleben werden, ist »Feuchttuch gegen 86-jährige Arschfalte« – und zwar beim Zivildienst. Egal, denn da stehen natürlich noch die voll ausgestattete IKEA-Spielzeugküche inklusive kleiner Fake-Kaffeemaschine und die Schleich-Tierfiguren, die zusammen mehr kosten als der Flachbildfernseher. Die Liste würde noch weitergehen, aber du verstehst mich:

Österreichische Kinderzimmer gehören zu den am schönsten ausgestatteten Orten der Welt, an denen ich je war.

Ein weniger ansprechender Ort ist ein Spielplatz, zumindest bei Regen und Wind.

Aber das hält die Menschen in Österreich nicht auf. Egal, ob Schneeregen, Blitzeis oder Katzentornado, kein städtischer Spielplatz steht in diesem Land jemals leer. Die Leute hier sind geradezu besessen von Spielplätzen. Ich kann das gut verstehen. Schließlich bin ich mit einem Garten hinter dem Haus aufgewachsen, in dem ich spielen konnte. Und mit einem Bach auf der anderen Straßenseite, an dem wir uns gegenseitig mit hochgiftigen braunen Schlangen bewarfen. (Wir nannten dieses Spiel kreativerweise »Catch the snake«.)

Mich beeindruckt es immer, wenn ich an einem typisch windigen Wintertag in Wien mit den Kids schnell nach Hause laufe, während Eltern und ihre Kinder an uns vorbei in Richtung Spielplatz sprinten.

Wenn wir dann in der fein geheizten Wohnung bei 21 Grad spielen, denke ich an die österreichischen Kinder, die gerade das Spielplatz-Bootcamp durchlaufen. In Gatschhosen, klar. Denn nichts stoppt ein Kind in Gatschhosen.

Und selbst wenn die Gatschhosen einmal zu Hause vergessen werden: »Die Kinder sind nicht aus Zucker«, wie die Eltern hier gern sagen.

Zeit an der frischen Luft ist deshalb auch etwas, worauf die österreichischen Eltern geradezu bestehen.

In Wien gibt es einige der tollsten Spielplätze der Welt. Und zwar weil sie in beeindruckender Umgebung liegen. Zum Beispiel kannst du hier eine Touristin beobachten, die gerade Fotos vom wunderschönen Wiener Rathaus macht. Und einen Meter hinter ihr hockt ein kleiner Bub hinter einem Busch, um zu pinkeln, während sich zwei Mädchen bis aufs Blut um den gelben Eimer im Sandkasten streiten.

Apropos Spielsachen im Sandkasten: Dass sich hier alle Kinder das Spielzeug im Sandkasten teilen, ist für mich ein Zeichen. Der Weltfrieden hat noch eine Chance.

Die ungeschriebene Regel besagt, dass du ... äh ... dein Kind mit jedem Spielzeug spielen darf, das im Sandkasten herumliegt. Bis es jemand zurückfordert oder einsammelt, weil die Familie heimgehen muss. Diese Mentalität des Teilens setzt sich bis ins Teenageralter fort. Man bedenke nur, wie harmonisch dann der Joint im Freundeskreis seine Runde drehen wird.

Spielplätze sind ein Paradebeispiel dafür, wie die meisten österreichischen Eltern ihren Kindern ein harmonisches Zusammenleben in einer Gesellschaft beibringen. Oft hört man hier Eltern Dinge sagen wie: »Warte bitte, bis du dran bist« oder »Komm, das kleine Kind darf mit deinem Bagger spielen, oder?«

Sie sind sehr darauf bedacht, dass ihre Kinder andere Leute nicht stören. (Außer meine Kinder, die ständig »Fang das Eichhörnchen« spielen. Woher sie diese Angewohnheit nur haben ... Ich tippe auf ihre Mutter.)

Der Kindergarten ist in Österreich praktisch gratis. Zumindest die öffentlichen Kindergärten sind das.

Ich meine, man könnte seine Kinder auch in eine private Einrichtung stecken. Ich sehe dafür aber keinen Grund.

Die subventionierten und staatlichen Kindergärten sind verdammt gut! Ich habe meine Kinder zwar noch in keinem anderen Land in den Kindergarten geschickt, aber hier gibt es als Mittagsmenü oft einen süßen Knödel und meine Fünfjährige kommt nach Hause und singt genau die lustigen Lieder, die ich auch von Bierfesten kenne. Zum Beispiel das Fliegerlied. »Heut' ist so ein schöner Tag ...«

Es muss hier im Kindergarten also zugehen wie bei einem bierlosen Bierfest.

Wenn meine Schwester mir erzählt, was sie in Australien für die Kinderbetreuung bezahlt (etwa hundert Australische Dollar pro Tag), antworte ich ihr immer scherzhaft: »Kindergarten ist in Österreich praktisch graaatis! Heut is so a schöner Tag, la-la-la-la-la!«

Dann legt sie meistens auf.

Und dann schicke ich ihr noch eine Sprachnachricht hinterher: »La-la-la-la-la!«

Österreichs Kindergärten lassen australische Kindergärten wie Gefängnisse wirken. Wo es in österreichischen Kindergärten die »Bärchengruppe« und die »Schmetterlinge« gibt, gehören Kinder in Australien beispielsweise zur »Weißer-Hai-Gruppe« oder zu den »Salzwasserkrokodilen«.

Und was zum Sweatshop soll eine »Eingewöhnungsphase« sein? An den meisten Orten der Welt kippt man sein Kind einfach in die Kindergarten-Garderobe und sucht so schnell wie möglich das Weite. In Australien würde man das sogar tun, wenn die Salzwasserkrokodil-Gruppe von einem echten Krokodil geleitet werden würde.

Bei einer Wanderung in der Nähe von Baden kamen einmal ein paar alte Frauen auf mich zu und sagten: »Das ist die schönste Zeit Ihres Lebens.« Sie blickten verliebt auf meine zehn-Monate-alte Tochter, die klein und eingekuschelt in der Tragehilfe an meiner Brust schlief. Dann sahen sie mir tief in die Augen und raunten mir verschwörerisch zu:

»Gniaßn S'as, vasprochn?«[27]

Seitdem gehen mir diese Worte nicht mehr aus dem Kopf. Vor allem dann, wenn mein Kind in der Straßenbahn schreit und brüllt, weil ich ihm in der Bäckerei das falsche Gebäck besorgt habe.

Das hier gerade ist eine der schönsten Phasen meines Lebens, und ich habe großes Glück, sie in Österreich zu erleben. An einem hervorragenden Ort, um eine Familie zu gründen und Kinder großzuziehen.

---

[27] »Genießen Sie es, versprochen?"

Schau ma mal

Glückwunsch, du hast das Ende des Buches erreicht.

Jetzt kannst du es bei deiner Bezirksvorstehung, deiner Bürgermeisterin oder sonst einem Würdenträger abgeben und erhältst dafür gratis eine Packung Manner-Schnitten.

Okay, das stimmt nicht. Wäre in Österreich aber ein genialer Marketing-Schachzug.

Aber halt, das muss noch nicht das Ende sein!

Erstens, weil du in unserem wöchentlichen Podcast **»The Wurst Guide to Living in Austria«** noch viel mehr von diesem Schmarrn hören kannst. (Dort in der englisch-deutschen Originalversion.)

Zweitens, weil Österreich sich weiter verändern und entwickeln wird. So lange, bis die glorreichen Habsburgerzeiten ähnlich verblasst sind wie Opas Krampusgeschichten über die zahllosen Flirts mit willigen Frauen, die ihn alle nur wegen seiner haarigen Kutte wollten.

Die Zukunft der Welt mag ungewiss sein, aber manche Dinge sind in Österreich so beruhigend sicher wie ein Klopfen der Polizei bei zu lauter Musik pünktlich um 22.01 Uhr:

Scheibe um Scheibe Leberkäse wird weiterhin geschnitten und gegessen werden. Dialekt so dick wie Grießkoch wird mit tiefem Stolz gesprochen werden und zehntausende Deutsche werden in ihren Skiferien daran verzweifeln. Literweise Bier wird aus dem Fass fließen. Millionen von Krapfen werden mit Marillenmarmelade vollgepumpt werden wie deine Mama in ihren wilden Jahren. Das Wort »Oida« wird mindestens noch 34 neue Bedeutungen erhalten. Süße Knödel werden als Hauptgericht verspeist werden. Hunderte von Beamten werden ihren Verwandten eine Finanzierung unter der Hand zusichern. Tausende Menschen werden bei Feuerwehrfesten taumelnd tanzen und am nächsten Tag die deutsche Sprache neu erlernen. Das Wort »Mahlzeit« wird milliardenfach ausgesprochen werden. Zugereiste werden sich fragen, wo zum Fick hier die Schönheit von *Sound of Music* zu finden ist. Wien wird den Tanz zwischen lebenswertester Stadt der Welt und »Geh, schleich di!« weitertanzen. Der Walzer wird jedes Jahr zu Neujahr um Mitternacht auf Wiener Bällen und waagrecht im Schlafzimmer getanzt werden. Österreicherinnen und Österreicher werden auf Reisen mit Deutschen verwechselt und das Wort »Piefke« mit Hassliebe gegenüber den Angesprochenen verwenden. Tschicks werden geschnorrt und Restaurantrechnungen auf den Cent genau geteilt.

Und dabei wird keine einzige Lederhose gewaschen werden, jeder Tag wird mit einem Spritzer enden und tote Tiere werden uns weiterhin von Wänden herab anstarren. Und das alles wegen der »Hamma imma scho so gmocht«-Tradition. Zudem wird Österreich kollektiv »eh wuascht« zu allem sagen, was die Welt da draußen auch immer über das Alpenkönigreich denken mag.

Oh, und wenn es in dieser ungewissen Zukunft hässlich wird, ist zweifellos das Wetter schuld. Eh klar.

Aber während sich die Welt verändert, hoffen wir aufrichtig, dass Österreich es schafft, die Dinge zu bewahren, die es so verdammt besonders machen. Klar, vieles kann man hinter sich lassen, zum Beispiel die politischen Skandale, die immer noch brodelnden nationalistischen Tendenzen, den Hype um die Sachertorte.

Aber manches muss bleiben, egal, was passiert: die »Passt-scho«-Mentalität, der Respekt und die Rücksichtnahme auf den Gemeinschaftsraum, die Gemütlichkeit, die schöne und freundliche Kultur in den Bergen, das Schnitzel am Sonntag und … ach, du verstehst genau, was wir meinen. Schließlich hast du bis hierhin gelesen.

Eines ist sicher: Egal, was dem Land bevorsteht, es begegnet der Zukunft mit einem einfachen und poetischen

Schau ma mal

Und das finden wir wunderschön.

Bussi und Baba und Danke!

PS: Dieses Buch ist ein fantastisches Geschenk für Weihnachten und Geburtstage. Obwohl, scheiß auf Weihnachten und Geburtstage. Schenken kann man immer und viel!